MIS AMIGAS Y YO

DE PUERTO RICO A TEXAS

Llegué a los Estados Unidos en abril de 1969, con mi esposo, Enrique. Teníamos dos años de casados. Estaba un poco triste por haber dejado mi bella isla, Puerto Rico. Alegre, porque empezaba una nueva etapa en mi vida. Un poco asustada al estar en un país extraño. ¡Mi primer viaje a los Estados Unidos! No sabía el idioma. En Puerto Rico enseñan a leer, vocabulario y a escribir en inglés, no a hablarlo. Algunas veces ni las maestras lo hablaban. Hoy en día, sí, las maestras son bilingües.

De Puerto Rico, llegamos a New Orleans y estuvimos allí como dos semanas. Enrique necesitaba una operación en los ojos. Tenía una telita y se la quitaron. Debido a la operación no nos dio tiempo de salir a conocer la ciudad. Nos fuimos en la guagua-bus-camión para Houston, Texas. Después verán porque uso tantos nombres para la guagua.

Llegamos a la casa de la hermana de Enrique. Fina, mi cuñada, nacida y criada en Texas, no hablaba inglés; pensé, que chévere, ella habla español. Cuando empezamos a hablar me di cuenta de que algunas veces no la entendía, ni ella a mí. Enrique nos tenía que interpretar. ¡Era raro!, ¡¡hablando español y no nos entendemos!! Esto está extraño, pensé. Le dije a Enrique, no te retires de mí, porque algunas veces no entiendo ni papa. Eso me pasó varias veces con Enrique cuando nos conocimos. Yo creía que ya sabía bastante mexicano y tejano con él.

Estábamos de visita en la casa de mi tía, cuando alguien le preguntó a Enrique si él era mexicano. Enrique le contesta sí, mejicano hasta las cachas. Nos miramos, y empezamos a reírnos. Enrique nos mira, sorprendido, y le pregunto ¿de dónde eres mejicano, de las cachas "pa' riba" o de las cachas "pa' bajo"? Me dice, no entiendo. Oh, es que aquí las cachas (palabras de pueblo) son las nalgas. Nos explicó que en tex-mex las cachas son los lados de las pistolas. En otras palabras, era puro-completamente mexicano, hasta las cachas de las pistolas; según la historia, los tejamos y mexicanos siempre andan con pistolas. Es parte de su herencia.

Teníamos unos cuantos meses de casados cuando Enrique

me dijo que en Texas y México los esposos les llaman a sus esposas, de cariño, vieja y ellas, a los esposos les llaman viejo. Yo le digo y aquí se les llama negra o negro. Él me pregunta ¿quieres que te llame vieja?

—¿A mí? lo siento, pero yo no soy vieja, aquí se le dice vieja a las mamás y viejo a los papás. Yo, te voy a llamar negro, mi negrito.

—Oh, lo siento, pero yo no soy negro.

—Ah, bueno pues mucho gusto en conocerte, mi nombre es Nydia, yo tampoco soy vieja. En Puerto Rico llamarse negro y negra entre los esposos y a los niños, es como en los Estados Unidos, *honey*-amor.

Nos reímos, él me empezó a llamar Corazón. ¿Y yo? Enrique. A los niños cuando les hablas, se les dice negritos o negritas de cariño. No importa de qué color sean.

Cuando escuché a las esposas en México decirles a los esposos mi señor, le dije a Enrique, ni te creas que te voy a llamar mi señor. Yo tengo un solo Señor. Nunca he podido entender por qué les llaman así cuando hablan de sus esposos.

¿Quizá porque Sara le llamaba señor a Abraham? También les llaman gordo y gorda. ¡Gorda tu abuela!

Vivimos en la base naval de Puerto Rico por dos años. Una mañana me dice, ay, se me olvidaron los guaraches en el cuarto. El apartamento de la base era de dos pisos. Rápidamente le digo, oh, yo te los traigo, subo las escaleras corriendo y cuando llego al cuarto me doy cuenta que no sé a qué vengo. Le grité a Enrique, ea, ¡rayo!, ¡no sé qué es eso de guaraches! Volteo y veo a Enrique riéndose y me enseña sus guaraches, oh no, aquí le decimos chinelas o chancletas.

Como a mí no me gustaba cocinar, no sabía mucho. No fue culpa de mi mamá, ella trató de enseñarme. Yo nunca me voy a casar, le decía. Como quiera, podía cocinar algo. Más bien siempre lo mismo, hasta que Enrique me dijo, a ver cuándo puedes cambiar el menú. O, si no, me decía la comida está un poquito salada o le faltó sal. ¡¡Poquito o nada!! ¡Contra! ¡Me caso te en ná'!

Me pregunta Enrique, si sé hacer tortillas, le digo que sí. En la mañana le hice su tortilla, lo llamo para que venga a desayunar, y le digo, te hice la tortilla. Se sienta en la mesa y empieza a buscar sus tortillas. ¿Dónde están las tortillas? Le contesto, ahí está y le enseño el plato con la tortilla. Bueno, yo te pedí tortillas mexicanas, me dice. Bueno, yo no soy mexicana y aquí una tortilla es esa, de huevo. Me dijo tortillasss. Yo entendí tortilla. Como nosotros no pronunciamos las eses… Qué bueno que no me di cuenta, sino le habría hecho una docena de tortillas de huevos.

Fuimos a la casa de mis primos. Le preguntan a Enrique si quiere un pastel, los acababan de hacer y los estaban probando. Enrique les dice que sí. Cuando la prima le trae el pastel, Enrique lo ve, piensa, aquí los pasteles son diferentes, pensando que iba a ser dulces. Son salados, hechos de masa de guineos —plátano y plátanos machos, verdes— y por lo regular con carne de cerdo y envueltos en hoja de plátanos. Enrique era de buen diente, él comía de todo. Cuando los probó no sabía qué hacer y se los comió. Sabían buenos. Le gustaron y no dijo nada hasta que llegamos a la casa. Él me decía que él probaba todo, si le gustaba bien, si no, como quiera se lo comía. Él decía toda la comida es buena. ¡Con razón se comía la mía!

Me conto él, que cuando llegó a Puerto Rico, en cuanto recibió su carro, se fue a pasear y a conocer la isla. Cada vez que lo trasladaban a otro país, si no tenía carro se iba caminando o en la guagua-camión. Tenía hambre, y salió a probar la comida puertorriqueña. Entra a este restaurante y pregunta si tienen mollejas, le dicen que sí. Le preguntan que cuantas quiere, él le dice, solamente una. ¿Una?, le pregunta el mesero. Sí, le dice Enrique.

Cuando le traen el plato, viene con una sola mollejita de pollo. Cuando ve eso, le dice al mesero, yo pedí una molleja. Sí, eso fue lo que le traje. Ya le explicó de dónde era y qué era una molleja en Texas. Después de reírse, el mesero le dice, aquí no vendemos guevos de toro.

HOUSTON, TEXAS

Nunca pensé que iba a tener tanto trabajo para entender a los tex-mex, tejanos y mexicanos. Me sentía como una cucaracha en un baile de gallinas. Algunas veces pienso, así debería de ser el nombre de este libro. Enrique y yo no teníamos tanto problema en entendernos, aprendió puertorriqueño rápido. Yo creía que lo que me había enseñado Enrique era suficiente.

También encontré extraño que cuando llegamos, Enrique hacia más de cuatro años que no veía a su familia, Cuando se saludaron, Enrique les dio la mano a todos, a su sobrinita, que nunca la había visto, solamente le tocó la cabeza. Los puertorriqueños somos diferentes en eso. Abrazamos, besamos, a los padres, a los tíos, se les pide la bendición, y vale más que le des un beso, seas hombre o mujer. El cuñado mío nos dice "la familia besitos". Él es de los pocos puertorriqueños que no le gusta el besuqueo. Yo soy más o menos, así como él, pero tenía que besar al que llegara a casa. Le pregunté a Enrique porque no abrazó y besó a sus hermanos si hacía tanto tiempo que no se veían. Me dijo, aquí en Texas no se acostumbra eso. Conmigo aprendieron porque yo siempre besaba a Fina y a María Elena. Le dije, lo siento Fina, pero nosotros saludamos así. Creo que en los países latinos es algo que se usa. Ella también me daba un beso. No los varones, a ellos siempre le di la mano, o solamente los saludaba. Ellos hablaban en español y de pronto cambiaban a inglés, o mitad inglés y mitad tex-mex. Después le preguntaba a Enrique qué era la conversación. Parecía que estaba en otro planeta.

Me llevé muy bien con mi cuñada, era muy dulce y cocinaba riquísimo. No le podía decir que algo era bonito, porque cuando nos íbamos, me lo daba de regalo. Bella persona. Cuando no entendíamos lo que hablábamos, después de reírnos, ¡¡¡llamábamos a Enrique!!! Fina le decía Kique.

Estuvimos en Houston por tres o cuatro semanas. Me llevó Fina a "down taun", en el camión-bus-guagua, para nosotros un camión, es el de la basura, camión de carga. Me dijo que solamente pagaríamos un tostón, ida y vuelta. ¿Tostón? ¡¿Pagan con tostones, de plátano?! En mi mente imagine un tostón de los que conozco. ¡¡¡¡ENRIQUE!!!! Un tostón son cincuenta centavos, me dijo Enrique. Oh, bien..., le digo yo.

El hermano de Enrique y su familia nos vinieron a saludar y a conocerme. Él quería llevarnos a ver las fincas nuevas a *down town*-pueblo. Fuimos, él muy contento diciéndole a Enrique, esa que ves ahí es nueva, esta también. Yo, tratando de ver las "fincas", le digo a Enrique, ¿dónde están esas fincas? Yo solamente veo edificios y más edificios. Me ven, como, ¿de qué mundo viene esta? Enrique me explica y le digo; oh, yo estaba buscando fincas, con vacas, caballos, gallinas, como las de Puerto Rico. No, aquí se llaman ranchos, fincas son edificios, me dice. En Puerto Rico, un rancho es un cuartito pequeño que se hacía afuera de las casas para protegerse de las tormentas. Les llaman ranchos tormenteros, les dije. "Aquí va a havel problema pa' entendel esta gente", pensé yo. En Puerto Rico hablamos un poco diferente. No pronunciamos las eses ni las eres.

Probé mis primeras tortillas de harina, no de huevos, en la casa de mi cuñada Fina. Me gustaron tanto que me comí cinco. En la tarde no aguantaba el dolor de estómago, pensé que habían sido las tortillas y juré no comer esa cosa jamás en mi vida. No le dije a nadie que me dolía la barriga-panza-estómago.

El hermano de Enrique, Teo, trajo unos muslitos de pollo, que Fina, mi cuñada, los frió y yo comí; me parecieron buenos, un poco más chicos que un muslito de pollo. Quizá aquí los pollos son chiquitos, pensé. Al otro día, Enrique me preguntó si me gustaron, le dije que sí. Más pequeños que los de Puerto Rico, le digo, pero sabían buenos. Se sonrió con una sonrisita que no me gustó. No me digas que comí otra cosa que no era pollo. Risita… Dime que comí porque si es algo que para ustedes es bueno y para mí no… Me dice, no te enojes, pero comiste patas de ranas. ¡Yo creía que me iba a morir! ¡Me dieron ganas de meterle un puño y matarlo!

Empecé a llorar, Enrique se quedó muy serio, me levanté y me fui para afuera, ¡no vomité porque ya había hecho la digestión! ¡Yo me quería regresar para Puerto Rico! Creo que aquí no voy a "dural" mucho, pensé.

Compraron barbacoa de cabeza, me dijeron que era carne de la cabeza y los cachetes de la vaca, que esas cositas blancas que se veían eran sesos. La otra carne era la lengua de la vaca. No le ponían otros ingredientes, hervida con sal. Muchas gracias, pero no. Esta vez sí me dijeron lo que era, o Enrique lo iba a pasar mal. Como lo pasó mi hermana Zulma cuando hizo una lengua riquísima. Mechada, le llamaban, le hacían muchos rotitos y les ponían jamón, aceitunas y no sé qué más. ¡Le enseñó su esposo, que el papá de él tenía una carnicería y se comían hasta los guevos, las mollejas del toro! A la carne mechada, le ponían rebanadas de papas por el lado. Yo nunca había comido eso y comí en cantidad. Cuando le pregunté a Zulma, que carne era, porque no sabía a carne, empezó a reírse, como Enrique, y me dice, comiste lengua de vaca. Le empecé a gritar malas palabras, las que usábamos nosotros, en casa no se podía hablar malo-maldiciones, canto zángana, yegua, caballo, pulla y no sé qué tanto más. Me fui para casa llorando y lo último que le dije fue que jamás en la vida le iba a hablar, ni le iba a cuidar a Raulito ni a Efraincito. El coraje me duró como dos días, porque ella tenía televisión y nosotros no. Cuando fui para su casa, que vivía al lado de nosotros, a "preguntarle algo", me dice: "adió cará tú dijiste que no me iba a hablal má". ¿Qué pasó? J"um, te hablo pol lo que é", canto de zángana. Y nos empezamos a reír.

Yo creo que Enrique les dijo lo de las patas de rana. "Todavía no veían un patatú' puertorriqueño. Ahora sí, no puedo hablal con esta gente polque no no' entendemo' y tampoco comel polque esta gente come hasta…". ¡Ustedes saben qué! ¡Eso fue lo que pensé! Decididamente, yo en Texas no me quedo. "Texas e pa' los tejanos". ¡No sé qué rayo voy a comer, porque esta comida no me gusta!

Fina, su esposo, Enrique, el hermano de Enrique, Teo, y la nena de ellos, María Elena, vivían en un apartamento de solamente dos cuartos de dormitorio. Era una casa de esas antiguas, que una parte la habían convertido en apartamento. Fina nos preparó una camita chica en la sala, que usaban como sofá. En el resto de la casa vivía la dueña. La casa era de dos pisos, cerca de "down taun", como decía Fina.

La dueña nos prestó el cuarto de su hijo, que estaba preso. ¿Preso? ¡Ay mamá mía! ¡A dónde yo he caído!, pensé. Cuando fuimos al cuarto, parecía un cuarto de mujer, de esas a las que les gusta ponerse perfume de todos los olores. Había perfumes en cantidad. Donde quiera había cosas de mujer, zapatos, vestidos, prendas, etc. La señora nos dijo que no tocáramos nada. Nunca pregunté, ni toqué. Ahora pienso que sería un travesti, yo no sabía ni que era eso. En las noches me ponía a mirar por una ventana donde podía ver algunas "fincas" —edificios— y luces de la ciudad y casi no podía dormir ni respirar, con la alergia que me dio con tantos olores.

Le dije a Enrique, "o nos vamos pa' Puerto Rico, o pa' ese Corpus Christi que dices". Y si no me gusta, "vamos a tenel que hablal seriamente". Decididamente Houston no, y no sabía si Texas. Pensé, si no nos vamos, le escribo a mamá que me mande el pasaje y me regreso por donde venía. O como dice mi hermano David, pon la cara donde traías la espalda.

CORPUS CHRISTI Y MÉXICO

Nos fuimos para Corpus Christi. Enrique había estado en esa ciudad y me dijo que quería que viviéramos allí. Si no conseguía trabajo nos regresaríamos a Houston. ¿Houston? No creo yo, en el primer avión que salga me voy pa' casa, pensé. Corpus Christi me gustó. A "vel" cómo sale la cosa aquí, pensé.

La cosa fue que salió todo muy bien. Me gustó. Sobre todo, que tenía playa. No como las de Puerto Rico..., pero era playa.

Enrique me llevo a conocer a su familia de México. Algo fascinante para mí. Parecía que estaba en otro mundo, muy diferente a Texas y Puerto Rico. Su familia me recibió muy bien. Los mexicanos también besan y los niños te dan la mano y te saludan como un adulto. Me empezaron a llamar prima Nydia, los niños, tía Nydia, desde el primer día. La conversación, muy interesante, aunque algunas veces no entendía lo que decían. Le dije a Enrique que no se retirara de mí y me interpretara. Fuimos por el fin de semana y en la noche nos pusieron unas colchas en el piso. Era la primera vez que dormía en el piso, pero eran tan amables y cariñosos, estaban tan contentos de ver a Enrique. Hacía muchos años que no lo veían, para mí, era como una aventura. Tengo muy buenos recuerdos de ellos. Me hicieron sentir como en mi casa, familia por siempre. Unas personas muy dulces.

Fuimos a conocer otros primos de Enrique y fue igual. Familia para toda la vida. Íbamos a visitarlos como cada dos o tres meses. Nos recibían con una alegría genuina. Los otros familiares vivían en el rancho, o sea, en las afuera de la ciudad; también fue lo mismo. Me sentí como familia, enseguida. Ahí también dormimos muchas veces en el piso. Fue donde primero vi una cocina separada de la casa. Para mí era algo nuevo y excitante.

MI HISTORIA

Es aquí donde voy a plasmar mi historia. En ese momento una historia intrigante y nueva en mi vida. Texas y México, sitios desconocidos, donde me recibieron como familia. Nunca me sentí sola, solamente como familia. Algunas veces me sentía como una cucaracha en un baile de gallinas, como digo yo. Prefería callar, sonreírme, y después preguntarle a Enrique. Con el tiempo, me dijo una prima que creían que no me habían caído bien, porque era muy seria y no hablaba mucho, quizá porque eran pobres. Me sorprendí y les dije; no, no, ustedes son bien chévere-buenas, es que no las entendía y me daba pena decir algo mal. Ustedes son mi familia, familia de verdad; algo nuevo y diferente a lo que conocía.

Fuimos a visitar a los padres de la esposa del hermano de Enrique, en Brownsville, Texas. No entendía ni papa, unos hablaban en inglés otros en "español", méxicoamericano, casi todos eran hombres. Estábamos afuera de la casa y estaban sentados en el zacate-grama, a mí me trajeron una silla. Enrique estaba sentado también en la grama al lado mío. Se levanta y tenía los pantalones llenos de zacate-grama, salgo y le digo; ¡ay, ya te ensuciaste el fondillo de grama! Le empecé a sacudirle el pantalón. Estaban como en una rueda y todos abren tremendos ojos y se me quedan viendo, se miran uno al otro, y empiezan a reírse. Le pregunto a Enrique, ¿que dije? Eso no se dice aquí, me dice. Les dijo, es que ella es de Puerto Rico y hablan diferente. Mis orejas se me pusieron calientes, me imagino que rojas, yo no sabía que decir. Para nosotros lo de atrás del pantalón le llamamos el fondillo del pantalón. Para ellos el decir fondillo es como decir ano en palabra vulgar. ¡¡Upps!!

En Corpus Christi, rentamos un cuarto que tenía una cocina bien chiquita-pequeña, y cuando digo un cuarto, sí, un solo cuarto, donde dormíamos era sala y cuarto de dormitorio.

Teníamos que compartir el baño con los otros renteros-inquilinos; eso me ponía los pelos de punta. Sentía como que alguien me estaba viendo, o esperando que yo saliera para entrar ellos. También pensaba, ¡ay, Dios mío! ¡Yo no me quiero quedar aquí si tengo que vivir así!

El hermano de Enrique acababa de llegar de California con su familia. Me cayeron bien. Otra aventura para mí. Pero, ahí era peor porque la cuñada casi no hablaba español. Lo que no podía decirme en español me lo decía en inglés. Me quedaba igual, le decía; perdón, pero no te entiendo y nos reíamos. Si Enrique estaba cerca, lo llamaba y me interpretaba. Ellos tenían cinco niños. La cuñada estaba muy ocupada para salir conmigo. Ella no conocía tampoco la ciudad-"suidad", como decía ella. Era tex-mex-del rancho-campo, jíbara, para nosotros. Del sitio donde le limpié el fondillo del pantalón a Enrique.

Estaba ayudando a fregar los trastes, después me entere que fregar quiere decir ser molestoso-chavón. Debía de lavar las vasijas, y traste es un carro. Como quiera, estoy lavando vasijas y viene uno de los nenes se asoma por una puerta que daba a la cocina, se me queda viendo-mirando y me dice, *¡witch!* y se fue corriendo. Estuve todo el día repitiendo esa palabra para que no se me olvidara. Cuando llega Enrique, que había salido con su hermano, le pregunto qué quiere decir *witch* y me dice, bruja. ¡Bruja! "¡¡Adiocará!!" ¿Cómo sabe ese nene que mis hermanos en Puerto Rico me dicen bruja? Enrique me mira como qué estoy hablando y le explico que en Puerto Rico se acostumbra entre los hermanos a ponerse sobrenombres y mi sobrenombre era bruja. Entonces le digo a Enrique, ¡ah!, ya sé porque me dicen así, es por mi barbilla que parezco una bruja. Mi barbilla es como la de mi papá picudita. Entonces me pregunté por qué a Toni le decían pastel, a Zulma, pulla, es cuando el café no tiene azúcar; a David, carnebi; a Diego, marrón; a mí, bruja; a Ruthy, puerco espín y a Cucky, cuquera o gata, porque tiene los ojos verdes. Mis hermanos mayores no tenían. ¡De "veldad" que ese nene es adivino! ¡Zángano! ¡Vale más que no me vuelva a decir eso porque le voy a meter una buena nalgá'! Esos malos nombres o sobrenombres, así le llaman, son nombres de pelea. Se formaba la trifulca-pelea cuando te los decían. Mamá se desesperaba con nosotros cuando empezábamos con los sobrenombres. Si nos peleábamos el que estaba perdiendo corría y se escondía detrás de mamá agarrándole el vestido, para protección. ¡Ella nos decía, estense quietos, un día de estos me van a tumbar al piso! Le pregunté a mi hermana Abby cuál era su sobrenombre y me dijo que en el tiempo de ella no había eso. Ella es quince años mayor que yo. Le pregunté a mi hermano David y me dijo que a un vecino le encantaba poner sobrenombres a los niños pequeños y como nadie se quejaba, quedábamos bautizados y "marcados" por vida. Dice David que hasta muertes y peleas hubo.

Mi cuñado le dijo a mi hermana que iba para la tienda, si ves a don Buey le dices que necesito hablar con él. Da la casualidad que mi hermana se encontró con él en la plaza pública. Él iba al frente de ella y ella lo empezó a llamar, ¡don Buey!, ¡don Buey!, ¡don Buey!, él no le hacía caso y ella corrió y lo alcanzó. Le dice, oiga don Buey, dice Pancho —le cambió el nombre—, que necesita hablar con usted. Cuando ella ve la cara de él, bien serio, y no dijo nada, solamente movió la cabeza y siguió caminando. Cuando llega mi hermana a la casa le dice a

Pancho que le dio el mensaje a don Buey y parecía que estaba enoja'o. Mi cuñado le dice, ¡yo espero que no le llamaras don Buey! Ella le pregunta, ¿por qué?, ese es el apellido ¡Muchacha no, ese es su mal nombre! Dicen por ahí que la esposa lo engaña y él lo sabe. Mi hermana estaba tan avergonzada-apenada que cuando lo veía se escondía. ¡Al marido por poco lo mata! ¡Yo, estaba segura de que ese nene era adivino!

EL COMIENZO

Empezó Enrique a buscar trabajo. Como no teníamos carro para movernos, caminábamos y usábamos la guagua-camión-bus. Vio Enrique un negocio de ventas de carros. Entramos y nos vendieron un carro sin checar créditos y sin trabajo; solamente con su palabra. Nuestro carro, que venía con la mudanza, no llegó. Si lo encuentran es para ti, así no tienes que llevarme al trabajo, me dijo Enrique. Nos lo entregaron como a los seis meses.

Después de varios trabajos, que no le gustaron, pues tenía que trabajar de noche, consiguió trabajo con la ciudad de Corpus

Christi, donde trabajó por 28 años. Empezó de técnico. En el militar estudió electrónica, en la ciudad estudió para electricista. Fue el primer electricista latino en Corpus Christi. Su hermano, fue el primer maestro electricista latino en Corpus Christi. Trabajó para la compañía de la luz. De ahí también se retiró.

Hicimos muy buenas amistades. Aunque alguien me dijo, que las amistades que yo tenía no eran muy buenas, porque ninguna tenía educación. Y como digo yo, no eran de caché, *¡wow!* Yo tampoco tengo "educación", solamente un grado 12 y unos cuantos semestres de colegio, pero tengo lo mejor, una educación de ética y principios morales, de la mejor universidad, la de mis padres, igual que mis amigas-familia de Texas. Para mí han sido las mejores amigas del mundo.

Llegar a un país extraño y ser recibida como alguien de la familia. Abrirme sus casas, sus corazones, sin conocerme como persona, en una manera sencilla y sin dudar de mí. La letra mata, pero el Espíritu vivifica, dice la Biblia.

Yo no me atrevía a guiar-manejar, pues no conocía la ciudad, aunque llevaba a Enrique a los primeros trabajos cuando teníamos un solo carro. Solamente iba y venía y no me atrevía a salir sola. Cuando perdí el miedo, que fue pronto, nos entregaron el carro. Entonces, patitas pa' que son (o rueditas).

Quiero aclarar que estas salidas no eran de todos los días. No vayan a creer que no atendía a Enrique, la casa... Mis niños, cuando vinieron, ellos eran nuestros compañeros, yo no los dejaba con nadie, la iglesia, etc. Los fines de semana a Enrique le gustaba salir de Corpus Christi, visitar a Fina en Houston, ir a México, a pueblitos adyacentes, a comer nieve-mantecado, pan dulce, etc. Me sentía como que estaba de vacaciones en Texas. Los fines de semana no cocinaba. ¡Qué chévere! No tuve tiempo de ponerme triste. La cocina y yo no éramos buenas amigas. Aunque no comía muchas cosas, tenía miedo de comer esa comida tan rara. El pollo que me gusta tanto, especialmente los muslitos, por un tiempo no lo comí, por miedo a que me dieran patas de rana. Aunque ya sabía que los muslos de pollo de Estados Unidos eran igual de grandes que los de Puerto Rico.

MIS AMIGAS Y YO

Aquí, les voy a contar cómo conocí a mis primeras amigas.

Había una escuela elemental cerca del cuarto donde vivíamos. Enseñaban inglés en las noches. Empecé a ir, caminando. Ahí fue donde conocí a mis dos primeras amigas. Una tejana, Sussy, a pesar de haber nacido y haber sido criada en Texas no hablaba inglés. Una mejicana, Glorivi. La otra amiga la conocí en casa de Sussy, era tejana, Donna. Fue algo como si nos hubiéramos conocido de siempre.

Lo único era que casi no nos entendíamos. Igual que en México, no hablaba mucho, para que no se rieran de mí. Hasta que empecé a reírme de ellas también. No tuve tiempo de sentirme sola o melancólica. Quizá esa novedad de no entendernos hablando español y mi acento les fascinaba, me decían ellas. Yo les decía que los mejicanos hablan cantando. No sé qué sería, pero, era como si nos hubiéramos conocido de toda la vida. Yo me reía de ellas y ellas de mí. Como decían ellas, lo pasábamos bien padre-chévere.

Sussy, me invitó para su casa casi inmediatamente. Vivía

a 5 casas de la escuela y como a dos cuadras de mi cuartito. Ellas ya eran amigas y vecinas de las otras dos muchachas y las invitaba también. Algunas veces yo no entendía lo que me decían, ni ellas a mí, siempre había algo de qué reírnos. Empezamos a salir a comer, a las tiendas, o nos quedábamos en la casa de Sussy.

Ellas ya tenían niños-nenes y se iban a sus casas cuando los nenes-niños salían de la escuela. Yo me regresaba a mi cuartito a esperar a Enrique para preguntarle qué quería decir "Robestan-Robstown", un pueblito cerca de Corpus Christi; "daime"-dime, diez centavos; "lipistiqui"-lipstick, pinta labios; Masas-Mathis, otro pueblo, y muchas palabras que para mí eran chino. Mi bienvenida al tex-mex y mexicano. Sussy le decía al matamoscas, matamosquero. Matamosca, le decía, oh, sí, me contestaba. Como quiera decía matamosquero.

"Aquí voy a tenel que aprendel tex-mex, inglé' y español otra vé'"; decían que no sabía hablar español. Para mí todo era nuevo. "¡Pa' mi, ellas tampoco sabían hablal!"

La amistad siguió creciendo entre mis amigas y yo. Aquí

les voy a contar algunas anécdotas de nuestra vivencia.

ANÉCDOTAS

Estaba un día sola en mi cuartito, cuando llega Glorivi a venderme unos calzones que estaban muy baratos. Le pregunto, ¿qué tanto valen eso' calzone'? Ella dice, un dólar. Yo pensé, "¿un dolal? Deben de sel una polquería". Y le digo yo, no gracia', a mí no me gustan lo calzone', solamente tengo uno y casi nunca me lo pongo. Ella me mira como que no podía creer lo que le decía, en vez de enseñarme los dichosos calzones. Si me los hubiera enseñado, la historia hubiera sido otra.

Siendo yo hija de un pastor evangélico, donde no creen que las mujeres usen calzones, no estaba acostumbrada a usarlos. Solamente los usábamos debajo de las faldas para correr bicicleta y para la playa. La cuñada de Enrique me había regalado uno. Me sentía incomoda usándolo. Sentía que todo el mundo sabía que no debía de usar calzones, si papá se enteraba, me iba a regañar. Bueno, ella se fue. Como a las dos horas regresa y me ofrece los calzones otra vez. Le digo lo mismo, se va. Regresa como dos o tres veces más y ya me estaba cansando la paciencia. Yo pensando, "¡me imagino que eso calzone' no silven pa' ná'!, ¿por un dolal?" ¡Está loca!

Cuando Enrique llega a la casa, estábamos comiendo-cenando cuando llega Glorivi otra vez a tratar de venderme los calzones. Se me subió un poco lo puertorriqueña y casi le grito a Enrique, que ni culpa tenía; y le digo, "ella insiste en vendelme uno' calzone' por un dolal, que yo creo que son una polquería, polque ¿dónde se consiguen calzone' bueno' por un dolal? Tú sabes que a mí no me gusta usal calzone'". Ella se me quedaba viendo-mirando y no hallaba que decir. Enrique que siempre ha sido muy calmado, sigue comiendo y me dice, ella no te está vendiendo pantalones, te está vendiendo pantis. ¡¡¡PANTIS!!!! ¡Oh no! le digo, yo creía que me estaba vendiendo pantalone', ¡chica! Ven, ven, pa' acá, ¡tengo una gaveta llena de panti'! Ella tampoco sabía que era una gaveta, para ella era un cajón. A lo que ella me contesta, muerta de risa, muy tarde, ¡¡ya todos los vecinos saben que tú no usas calzones!! Ese fue el chiste de todo el tiempo. De primero no me daba mucha gracia-risa, después era el chiste de las fiestas. Y todavía el cuento de los calzones-pantis existe.

LAS ENCHILADAS

Una de las vecinas que tenía al lado del cuartito que estábamos rentando, me invitó a comer-almorzar en su casa. Acepté, e hizo enchiladas, no me explicó lo que eran y no me atreví decirle que todavía no había comido eso. No comía mucha comida mexicana. Me las sirvió y les puso un montón de cebollas crudas; no me gustan las cebollas crudas hasta la fecha; una salsa que yo no sabía qué era eso ¡y estaban picantes-chilosas! ¡¡Como centella!! No sabía qué hacer ni qué decir. ¡¡El pique-chile no me gusta hasta el día de hoy, para mí la pimienta es picante!! Me comí un poquito, empujé las cebollas con el tenedor y como empezamos a hablar-platicar no me las terminé y me fui para la casa con la boca en fuego. ¡Pensando que rayo seria eso!, ¡no me gustó! Por mucho tiempo no las comí. Con razón le dicen enchiladas: chile-ají picante.

HUERCA-PUERCA

Estaba en casa de Sussy, con mis nuevas amigas, hablando y riéndonos, cuando Glorivi, me dice, ay huerca, ven para acá. Yo me quedé muy seria y enseguida pensé, ¿porque ella me llama "puelca"? Me sentí muy mal, pensé que a lo mejor olía mal y me despedí y me fui. Cuando llega Enrique a la casa le pregunto:

—¿Qué quiere decir cuando una persona te dice "puelca"?

—¿Puerca? Yo creo que a lo mejor te dijo huerca.

—¿Y qué rayo quiere decir eso? —le pregunto.

—Oh, muchacha —me dice él.

La próxima vez que nos vimos le dije; oye yo creía me habías dicho puerca-marrana-cerda, cuando estábamos en casa de Sussy. Sí, nos dimos cuenta y no sabíamos porque te habías ido; me dice. ¡A reírnos otra vez!

Llamé a Glorivi y la invité a comer un mantecado, me dijo que sí. Fui por ella y cuando llegamos al Dairy Queen, me pregunta:

—¿A qué venimos aquí?

—A comernos un mantecado.

—¡Oh!, yo creía que íbamos a comer un pan dulce, entendí algo de manteca. Creí que me habías invitado a una panadería-repostería. ¿Qué vamos a comer aquí?

—¡¡En inglés se dice "ice-krin"!!

—¡¡Oh!! Nieve.

—Eso es lo que cae en "Nueva Yol", chica.

¡A comer nieve-mantecado y a reírnos!

Íbamos en mi carro y una mujer se nos atravesó en la carretera. Freno. Glorivi dice:

—¡Pinche vieja! ¡Por poco la matas!

—¿Pinche? ¿Qué es eso?

—Una maldición —me dice. Vuelvo y le pregunto:

—¿Qué es eso de maldición?

—¡Oh!, una palabra mala.

—¡Ah!, porque en Puerto Rico, pinche es un *bobby pin*.

—Oh, aquí eso es incaible.

Esa palabra yo creo que no existe en Puerto rico, pensé, ni en el diccionario.

Le enseñé a guiar-manejar a Glorivi y aprendió bien rápido-ligero. Pasó su licencia en el primer examen.

Glorivi conocía muchos restaurantes y empezamos a ir las cuatro amigas una o dos veces al mes. Ahí aprendí a comer tacos, nachos, frijoles-habichuelas refritas, que se me pegaban al paladar, arroz "amogollao" como yo le decía. Añorando mi arroz con habichuelas, pan criollo, tostones, chuletas al estilo de nosotros… En ese tiempo no se conseguía nada puertorriqueño, yo no era muy diestra en la cocina. Especialmente el arroz, nosotros usamos un arroz pequeño, que no se conseguía. Solo arroz largo, en Puerto Rico lo usábamos para dárselos a las gallinas. Mi mamá algunas veces me mandaba comida de Puerto Rico, especialmente arroz.

No hablaba mucho, no quería que se rieran de mí. Solamente me reía con y de ellas. Cuando llegaba a la casa le preguntaba a Enrique. No quería que se me olvidara nada de lo que no había entendido.

Un día que estábamos en un restaurante me pregunta Glorivi si yo venía de familia rica. Le digo, no, ¿porque me preguntas eso?

—Oh, porque tú comes con el tenedor y el cuchillo y te pones la servilleta en la falda.

—Bueno, así se come en Puerto Rico.

—¿No comen tortillas? —me pregunta.

—No —le contesto—. Solamente pan.

Yo comía sin tortillas. Entonces me di cuenta de que ellas comían con el tenedor y partían la tortilla y con el tenedor empujaban la comida y como que hacían un taco chiquito. Un día intenté comer como ellas y me gustó, pero solamente comía así en mi casa. En el restaurante me daba vergüenza-pena. A Enrique nunca lo vi comer así.

Glorivi me pregunta si le puedo arreglar el ruedo-bastilla a un pantalón. Después de explicarme que era eso de bastilla, le dije que sí. Ella había visto que yo tenía una máquina de coser.

Se lo arreglé y me quería pagar. Yo le dije que no, pero insistía. Yo le digo, ok, dame dos pesos. En Puerto Rico, al dólar se le dice peso también. Me pregunta, ¿estás segura? ¿Dos pesos? Sí, estoy segura. Me dio en dinero americano, lo que eran dos pesos en Méjico. ¡Cuando yo veo que me da cincuenta centavos-un tostón! ¡Y que me quede con el cambio, dos centavos! Contra, yo le dije dos pesos, o sea, dos dólares, pensé. No le dije nada. Me quedé con mis cincuenta centavos, como quiera, yo no le quería cobrar. Después que nos conocimos bien y oírme decirle al dólar peso, se disculpó, pero no me pago la diferencia. Aunque no la hubiera aceptado. Éramos muy buenas amigas.

Le presté mi máquina. Me llamó porque se le acabó el hilo de la bobina y no sabía cómo ponerle el hilo. Le estaba explicando, cuando el esposo oye la palabra bobina, se enoja y le grita, ¡¡hey!! ¿Qué hacen hablando de la movida? Ella le dice, viejo bruto —no le dijo eso sino una maldición, como decía ella—, ¡no estamos hablando de ninguna movida, estamos hablando de la bobina de la máquina de coser! Le pregunto, ¿qué es eso de movida? Oh, cuando las mujeres casadas tienen novio. ¡Ay! Dile a ese viejo zángano que se lave los oídos, le digo yo. ¿Zángano?, ¿qué es eso?, me pregunta. Oh, idiota. El sordo no oye, pero compone. Y a reírnos, ¡que más nos quedaba hacer!

Mi otra amiga, Donna, no salía mucho con nosotras porque trabajaba y sus niños eran pequeños. Salíamos algunas veces a comer o nos reuníamos en casa de Sussy. Era una cómica tremenda, a todo le sacaba un chiste. No recuerdo los chistes porque era de lo que hablábamos. Quizá de mí, no sé. Con ella siempre nos estábamos riendo. La mayoría de las veces no entendía ni papa.

Al conseguir Enrique trabajo, con la ciudad de Corpus Christi, rentamos por unos cuantos meses una casa un poco retirada de mis amigas. La amistad siguió, nos empezamos a entender mejor. Aunque siempre estábamos riéndonos. ¡Esas mujeres no saben "hablal"! Ellas decían que yo tampoco. Ellas se reían de mí, yo de ellas.

LA PRIMERA CASA

A mediados del 1970 compramos casa. Creo que Enrique tenía buen crédito. Quizá porque era veterano. Como todas las personas que empecé a conocer hablaban "español", no fui más a la escuela. Ahora hablaba "pueltorriqueño", español, tex-mex, mexicano y un poquito de inglé'. *¡¡Wow!!* Se me quitó el miedo de guiar-manejar. Iba para la casa de Sussy, que me acogió como si me hubiera conocido de siempre. Ellas también venían a mi casa, aunque yo iba por ellas porque no tenían carro-mueble. Cuando Glorivi compró carro, venían a mi casa.

MARILY

En la casa que compramos conocí a mi vecina Marily, ella tex-mex y tampoco nos entendíamos, hablando "español".

Estábamos un día al frente de mi casa y me dice: horita-ahora vengo (horita en tex-mex es ahora, y ahora un poco después). Para nosotros es al revés. Voy para afuera y se metió a su casa. Yo pienso, "adiocará, dijo que iba pa' fuera y se metió pa' dentro de la casa". ¿Está loca o qué? Cuándo regresa, le pregunto, ¿qué fue eso que pasó?, me dijiste que ibas pa' afuera y te metiste pa' la casa. Oh, eso quiere decir que iba para el escusado-inodoro-baño. Quizá pa' fuera quería decir para la letrina. ¡De "veldad" que esta gente aquí no sabe "hablal"! Enrique me explicó que le decían escusado, porque cuando entraron a la escuela, no sabían hablar inglés y oían a los niños anglos diciéndoles a las maestras en inglés; *may I be excused*, para ir al inodoro-baño y entre ellos como hablaban español creían que la palabra excuse quería decir baño o inodoro, así que le pusieron nombre al baño, preguntaban si podían ir al escusado, otra palabra tex-mex, los maestros no los corregían y nació esa palabra nueva, tex-mex.

Hicimos una amistad muy bonita que ha perdurado hasta hoy. Ella hablaba español tex-mex y el inglés muy bien. Aunque algunas veces no nos entendíamos, nos reíamos bastante.

Cuando el huracán Celia, en el 1970, de categoría 5, no teníamos mucho tiempo de haber comprado la casa. A Enrique lo llamaron a trabajar. Trabajaba en el departamento de transportación. Enrique no me quería dejar sola. Habló con Marily y el esposo. Ella vino y me ofreció su casa, yo no quería, pero me convenció, y fui y pasé la tormenta con ellos. Gracias a Dios que me fui con ellos, yo me quería quedar sola en la casa. Estaba embarazada. A una ventana le pegó algo y la rompió. La casa se mojó toda por dentro. Yo nunca había estado en una tormenta tan fuerte y peligrosa.

Días después de la tormenta, fui con ella a la casa de su tía a ver como lo había pasado; no había luz, teléfono, ni agua. Fue una tormenta horrible. Muchas personas habían perdido todo. Nosotros solamente tuvimos que reemplazar toda la alfombra, una ventana y el techo.

Estaban regalando colchones, muebles —no carros—, comida, etc., la señora me dice. Marily me dijo, ¿estás esperando cama? Le contesto, no, a mí no se me dañó nada; no necesito cama ni colchones. La señora se me queda mirando-viendo sorprendida. Marily está oyendo la conversación y me dice, sí, estas esperando cama, tú me dijiste. No, Marily a mí no se me dañó nada. Marily dice entonces, oh, tía es que ella es de Puerto

Rico y no entiende. Sí, está esperando un niño-bebé. Y me explicó que esperar cama quiere decir que si estaba encinta. En Puerto Rico te preguntan, ¿estas preñá'? Eso es mío. También me preguntaban que si estaba gorda. Nunca hice mucha barriga-panza; me sorprendí la primera vez que me preguntaron eso. Les dije, no, no estoy gorda, estoy encinta. Me explicaron, lo que quería decir gorda-encinta. Esta gente dice que no se "hablal", ¡los que no saben son ellos! ¡Me "casoenná"!, pensaba.

Una vez le pregunté a una muchacha de Méjico, que estaba encinta-gorda, que cuando tenía el nene-niño, y me contestó; voy a ir a comprarlo al hospital en dos semanas. ¡Me quedé patidifusa! Le dije que no la entendía, y me dice, así dicen en mi pueblo cuando vas a tener un niño. Oh, ok, pensé que a lo mejor así les decían a los nenes cuando la mamá venía con un bebé nuevo a la casa.

Mi cuñada, que se casó muy joven, acabadita de salir del rancho-jíbara, me dijo que su mamá cuando ellos preguntaban de donde salió ese niño, ella les decía que un "aroplano"-avión se lo había traído. El "aroplano" le trajo dieciocho nenes-bebeschilpayates. Ella se lo creyó, cuando se casó y salió encinta y la panza-barriga le empezó a crecer, le dijo al esposo que le estaba creciendo la panza-barriga-estómago, y no sabía por qué. Se casó muy joven y aparentemente no sabía cómo venían los niños. Él le dijo, vas a tener un niño. Ella le dijo, ¿un niño? ¿Y no me lo va a traer un "aroplano"? Bueno, yo creía que había nacido por la espalda de mi mamá. Ella tenía una cicatriz en la espalda de una operación que tuvo. Un día le pregunté por donde yo había nacido y ella me dijo, por ahí, donde tengo la cicatriz. Por muchos años me lo creí.

EL DOCTOR

Salí embarazada y estaba buscando doctor. Me recomendaron varios doctores, algunos de ellos no hablaban español. Solamente encontré uno que hablaba "español". Casi no nos entendíamos. Era la persona más antipática y pedante que he conocido. Como quiera, me quede con él. Ni me saludaba cuando tenía que ir a consultarlo. Nunca se me ocurrió decirle a Enrique que fuera conmigo.

Cuando tenía como ocho meses, no me sentía bien, fui a consultar al doctor, le dije como me sentía, él me pregunta, ¿qué tanto tienes que no usas el cuerpo? No sabía qué responderle, no sabía que quería decir con eso de usar el cuerpo. Deduje que era qué tanto tiempo no tenía relaciones con Enrique y le dije, oh, como dos meses. Me abre tremendos ojos y me dice, ¡oh!, ¡necesitas un laxante! ¿Laxante? ¿Y para qué quiero un laxante si yo voy al baño todos los días?, le dije. ¡Ay, mamá mía! ¡No entiendo a esta gente, ni en inglés ni en español! Tenía ganas de reírme, pero con la cara que puso el tonto ese, me dieron ganas de levantarme e irme. Ni recuerdo que me dijo él de por qué me sentía así.

CAROL

En el 1971 nació Carol, ya sabía por dónde yo había nacido. Marily fue al hospital a ver si necesitaba algo. Enrique todavía no llegaba por mí y me habían traído la nena solamente con *pampers*. Ahí conocí los *pampers* y las cuatro docenas de pañales-culeros, una palabra mala en México, que tenía los usé para el hombro cuando le sacaba los gases. *Pampers*, es lo mejor que han inventado después del pan rebanado. No hallaba como vestirla. No me atrevía a llamar a las enfermeras, todas hablaban inglés. Mamá me había mandado el canastillo-ropa de bebé hecha a mano. Texas no tiene palabra tex-mex para canastillo, era precioso hecho por ella, todo blanco en hilo, unos bordados bellos. Las enfermeras lo vieron y se llevaron la ropita a enseñárselas a las demás enfermeras, eso le dijeron a Marily. Yo creía que para vestirla, pero no me ayudaron a ponerle la ropita. Gracias a Dios, Marily la vistió. Después de un tiempo aprendí tex-mex y ellas puertorriqueño.

Mis amigas iban visitarme a la casa. Como a los cuatro meses, les comenté que no sabía porque Carol no estaba comiendo bien, que ya no le iba dar el pecho-la chiche porque parecía que ya no estaba dando leche. ¡Ay! Yo quiero seguir dándole pecho, les dije. Glorivi sale y me dice, bueno yo creo que tienes que entender que eres vaca que no da leche. ¡Qué graciosa, la vaca serás tú! Que más, a reírnos de las ocurrencias de Glorivi.

LOS BACALAÍTOS

Cuando Marily probó los bacalaítos, le encantaron. David, mi hermano, y mamá me mandaban las cajitas de bacalao que solamente se le añadía agua. ¡Lo único que nunca la pude hacer que le llamara bacalaítos, les decía bacaladitos y todavía! Conseguí bacalao en Houston y aprendí a hacer los bacalaítos-bacaladitos y entonces Marily le llamaba al bacalao "bacalado". Ya no le hacía caso, solamente le decía, ¡ay, qué "finada" eres!, y me reía, y ella también. Me imagino que tampoco sabía esa palabra, finada-fina, inventada por mí.

LA ESTAFETA

La sobrina de Sussy se convirtió en mi amiga también. Un día me llama y me dice, que la lleve a la estafeta, le digo que sí. Me arreglo, me subo al carro y en el camino me viene esa palabra, ¡estafeta! ¡Ea, rayo! ¿Qué es eso? ¿Pa' dónde yo voy? ¿Qué diablo será eso de estafeta? Cuando se sube al carro le digo; te llevo pa' donde me dijiste, pero ante' dime qué es eso de estafeta, no se pa' donde voy. Se empezó a reír. Oh, al *post office*-correo, eso sí lo sabía en inglés. Necesito comprar estampillas-sellos, me dice. Esta amiga se fue para su pueblo, pero siempre estuvimos en contacto. Varias veces fuimos Sussy y yo a visitarla, a Pleasanton, cerca de San Antonio.

APRENDIENDO INGLÉS

Como me gusta mucho leer, especialmente las selecciones del Readers Digest —en Puerto Rico lo leía en español, a mi hermano Tony le encanta leer como a mí, y tenía una suscripción; vivíamos peleando, porque algunas veces, yo lo leía primero que él— mandé a traer una suscripción en inglés y leía con mi diccionario al lado para cuando no entendía alguna palabra. En las noches le leía a Enrique, él me corregía. Me compró una grabadora, grababa lo que leía y Enrique lo oía y me corregía. ¡Algunas veces se reía, me daba un coraje! y le decía, "si te va' a reil de mi inglé', ¡aquí se telmina la clase!" Me paraba y me iba para mi cuarto, enojadísima. Se me subía la bilirrubina muy rápido, especialmente cuando se reían de mi inglés. Mis amigas se reían, pero yo también me reía de ellas. Enrique aprendió a no reírse de mí.

EL VIDRIO

Llamé a Sussy para ir a comer por ahí. Sussy llamó a las muchachas, no teníamos mucho dinero y queríamos ir a comer al 75, era el nombre de un restaurante de mariscos donde todos los platos valían 75 centavos. Desde que probé esa comida me encantó. —Igualmente a mis hijos, cuando llegaron—. Con el tiempo le llamaban el Red Lobster mejicano. De 75 le cambiaron el nombre a Boat n Net.

Como no teníamos suficiente dinero se me ocurrió decirles que yo había oído que en este sitio compraban vidrio. Yo tenía muuuchooo vidrio; yo compraba jugos, leche y casi todo me gustaba en vidrio. Vamos para la casa y me ayudan a meterlo a la station wagon-guagua o mi pisicorre o guagüita. A ellas les gustaba cuando yo decía que tenía una guagua. Ellas decían que sonaba como gua-gua como hacían los perros. Esta gente de aquí no saben "hablal", pensaba yo. Especialmente cuando me decían aquí te truje-traje esto, pos-pues, asina-así, yo le decía asina se llama la burra de mi vecina. Y nos reíamos.

Es mucho vidrio, dijimos, echamos gasolina y comemos las cuatro.

Llegamos al sitio, nos pesan el carro con todo y bajan el vidrio. Nos mandan para otra pesa, y nos pesan sin el vidrio. Nos dicen que nos estacionemos y vayamos a la oficina a recoger el dinero. Mandé a Sussy, cuando regresa, venia riéndose que no podía parar. Le preguntamos, ¿qué pasa porque te ríes? Seguía riéndose y no sabíamos porque se reía tanto. Cuando pudo hablar, nos dice, ¡ay, ay!, ¡ay me meo! Siempre decía así cuando se reía mucho. ¿Qué pasó chica? Le pregunto. ¡Alarga la mano y me da el dinero, 37 centavos! Nos miramos una a la otra, para qué fue eso, nos reímos a más no poder. Por muchos años nos recordamos lo que íbamos a comprar, con la venta del vidrio: gasolina y comida. Como quiera fuimos a comer. Enrique echó gasolina y pagó por la comida. Hice un cheque. Ya sabía hacer cheques.

EL IDIOMA

Seguimos nuestra amistad, entre risas debido al idioma, ya sabía lo que era un tostón. Como quiera al ellas decir tostón, en mi mente veía un tostón frito. Menudo, para mí es cambio, centavos, vellones-cinco centavos, diez centavos etc. para ellas es una comida, para mí menudo es mondongo. Frijoles-habichuelas. Muebles, son los de la casa, sofá, sillas mesas, etc., para ellas son carros.

A esta puertorriqueña que era telefonista del 911 le llegó una llamada, que necesitaban la policía, porque ella y el esposo se estaban peleando y él empezó a romper los muebles, esos muebles son nuevos; dijo la que llamó. La telefonista llama a la policía, le da el mensaje en inglés. Le dice, el esposo está rompiendo los furniture-muebles de la casa. Después que pasó todo, el policía le pregunta a la telefonista que por qué le había dicho que eran furniture-muebles de la casa. El hombre estaba rompiendo los carros, el de él y el de ella. Ella le dice, eso fue lo que ella dijo en español. Para mí muebles son los muebles de la casa: sofá, sillón, mesas. Le tuvo que explicar, porque el policía tampoco entendía.

Le dicen al mantecado, nieve; pinche *(bobby pins)*, incaible; una maldición es una palabra mala. Huevos, blanquillos; tortillas, omeleta de huevo; correo, estafeta; beicon, jamón, para mi tocineta. Le preguntaba, ¿y cómo le llaman al *ham*? jamón, me decían. ¿Cómo saben si quieres jamón o tocineta? Ellos saben cuándo lo pides. *¡¡Wow!!* ¡¡Adivinos también!! Al desayuno le llaman almuerzo; al almuerzo, comida; a la comida, cena. Bueno, me sentía, como digo yo, como una cucaracha en un baile de gallinas. Como quiera, riéndonos en cantidad. "Esta gente no sabe hablal, ¡me casoenná!", pensaba yo.

Así siguió pasando el tiempo. Ya nos entendíamos mejor, algunas veces yo decía una "maldición" que en Puerto Rico no era mala, como fondillo o coger, y se reían y me decían, aquí no se dice eso. Lo mismo yo con ellas, especialmente, bicho; para ellas, una cucaracha o algún insecto, hasta hay una calle que se llama bichón. Para nosotros esa palabra no se dice en público.

Estaba en casa de Sussy, llega esta señora amiga de ella, que la conocí cuando llegué a Corpus Christi, empezamos a hablar-platicar y me dice, ay, ya sabes hablar. Yo siempre he sabido hablar, le digo. Me levanté y me fui a la cocina con Sussy que estaba haciendo café. ¡Vieja zángana!

Siempre nos estábamos riendo. Eran unas cómicas tremendas. Yo sé que se reían de mí, pero yo también de ellas. Tengo muy bonitos recuerdos de ellas. Me trataron muy bien, en esta tierra donde era extranjera. Me enseñaron a hablar como decían ellas. Ey, yo siempre he sabido "hablal" zánganas, que se creen ustede', les decía.

MAL DE OJO

Un día estoy esperando a Enrique en el carro, que no tenía aire acondicionado. Pasa esta señora, me saludó, siguió su camino, de pronto veo un brazo, derecho a mi cara y me toca los ojos. Yo pegué un grito, la señora se asustó, y me dijo, ay perdóname es que tienes unos ojos preciosos-lindos y no te quiero hacer ojos, yo hago ojos. Había oído hablar de mal ojo en

Puerto Rico, en realidad no sabía qué era eso. En Puerto Rico se les pone a los bebés en la ropita unas bolitas negras que le dicen cuenta de azabache. A mí me las mandaban de regalo para los nenes mis amigas; no de mi casa. Yo se las ponía y ni sabia para qué rayo era eso; según esto, para que no les hicieran ojo. Yo se las ponía porque se veían bonitas.

Cuando le conté a mamá lo que me pasó, ella me dijo que a una hermanita de ella la mataron de ojos y me contó la historia. Yo nunca había oído esa historia. Acá en Texas si a alguien le hacen ojo, te limpian con un huevo, con unas oraciones, te pasan el huevo por todo el cuerpo, después lo abren y lo echan en un vaso lleno de agua, si el agua se pone nublada, te hicieron ojo.

Le conté a Sussy lo que me pasó; me dijo, ay qué bueno que te tocó. El ojo es bien malo. Un día yo abrí un huevo y lo eché en agua y se nubló, le dije a Sussy. Y me reí. También, que yo no creía en ojo. Tú no, pero nosotros sí, me dijo. Lo del agua es verdad. Me dice. Eso de ojo me tenía intrigada.

Fuimos para Méjico, a la casa de los primos, para que

conocieran a Carol, que tenía cinco meses. Todo estuvo tranquilo. Nos dijeron que los primos del rancho se habían cambiado-mudado para Texas. Vivían en la frontera. Le dijeron a Enrique más o menos donde era. Enrique nació y se crio en el valle de Texas, conocía cuanto rincón había. Los encontramos.

Ellos también habían tenido un varoncito que tenía la misma edad de Carol. No podían pronunciar el nombre de Carol. Había otra prima que estaba en la cocina, yo tratando de explicarle, le digo, es como decir Carolina, pero sin la "ina". Sale una voz de la cocina, era la otra prima, y nos pregunta, ¿cómo es que se llama, Carolina sin la ina? Después de reírnos y escribirle el nombre, para que lo pronunciaran, una de las primas dijo, ¡oh!, Carol, pronunciado en español. Algunas veces, cuando llamo a Carol le digo, Carolina sin la ina, ven para acá.

Ese día pasamos varias horas con ellos. Tenían una cama en la sala con el bebé de ellos. Carol se durmió y la puse en la cama con el bebé. Después de platicar-hablar un rato, nos fuimos para el motel; en el camino Carol empezó a llorar con un llanto como de dolor. Le traté de dar leche y no podía, porque no dejaba de llorar. Lloró toda la noche y no sabíamos que hacer. En la mañana, ya yo estaba llorando también y le digo a Enrique, vamos a llevarla al hospital.

Me dice Enrique, no, vamos para la casa de los primos; el primo le hizo ojo. Ay, por favor, ¿tú también andas con eso? Sí, yo sé que él hace ojo, me dice. Llegamos a la casa, le dice Enrique lo que le pasó a la nena. La prima dice, oh, ese fue Elías, ¡él hace ojos! El primo Elías nos dice que es verdad, que él quería cargarla y no se atrevió, porque semanas antes vino una prima con un bebé también, de Texas, y él le pregunto si podía cargar el bebé. Ella le dijo que no, porque estaba muy chiquito y podía enfermarse. Él se sintió mal, pensó que quizá yo le iba a decir lo mismo. No, yo no soy así. Yo la acosté al lado de su bebé en la cama. Enrique se la dio, la cargó en sus brazos, le tocó los ojos, le pasó la mano por la cabecita. Yo me sentía como una cucaracha en un baile de gallinas. Asustada.

En eso llega la tía de Enrique, la mamá de la prima. Le cuentan lo que pasó. Enseguida pidió un huevo y un vaso de agua, acostó a Carol en la cama, empezó a rezar el Padre

Nuestro, pasándole el huevo haciendo una cruz por todo el cuerpo. Lo rompieron, se nubló y le dice, ¡ay!, Elías, por poco y la matas. Nos pidió perdón. Yo no sabía qué decir, estaba asustada. Yo lo que quería era salir corriendo de allí.

La prima nos dice, la semana pasada entró una gallina, que caminaba un poco curiosa-rara. A Elías le dio gracia y empezó a reírse de la gallina, en el momento, a la gallina se le aflojaron las patas y cayó muerta. Yo no decía nada, solamente me quería ir. Carol se tranquilizó, en cuanto salimos se durmió y durmió todo el camino. Llegamos a la casa, le cambié su ropita, le pasé una toallita, y no despertó hasta el otro día en la mañana. Yo no podía dormir, la cuna estaba en mi cuarto y cada rato la checaba. Enrique despertaba, me decía, duérmete, ella está bien. Yo la quería llevar al doctor. Enrique me dijo que ella se veía bien. Carol era un bebé muy alegre. Me convencí que lo que pasó fue que el primo Elías le hizo ojos. Cuando les dije a Sussy y las muchachas, me dicen, el ojo es cierto, Nydia, créelo. Yo todavía estaba asustada, no comentaba nada. Hay misterios que uno no comprende.

Con la venida de mis niños-nenes, Glorivi y Donna siguieron por su camino. Siempre las he recordado con mucho cariño, se portaron como verdaderas amigas y hermanas. Texas debe de estar muy orgulloso de ellas, a pesar de no haber ido a la universidad. ¡Tremendas embajadoras!

Cuando visitaban a Sussy, siempre me mandaban saludos. Me las encontré varias veces en mi camino. Como siempre, pura risa como decían ellas. Las recuerdo, hermanas, con mucho cariño. Siempre estarán en mi corazón. Porque ¿quién es mi familia? Mi vecino —en mí, mis amigas— más cercano-cercanas. Y esas fueron Sussy, Glorivi, Donna, Marily y muchas más. Me llenaban de alegría cuando algunas veces la añoranza y el estar en un país desconocido y diferente me hacían sentirme triste, que no fueron muchas veces. ¡Me llenaron de alegría; sí señor!

Le doy gracias a Dios que vine a un país como los Estados Unidos de América. Aunque en Puerto Rico somos ciudadanos americanos desde el 1917, no conocía la cultura americana. ¡Para mí es el mejor lugar del mundo! No puedo imaginar a Puerto Rico sin la bandera americana.

En Texas, llegabas algún sitio, o te pasaba alguien por el lado, te saludaban como si te conocieran. Algunas veces se paraban a hablar con Enrique. Yo le preguntaba a Enrique, ¿tú lo conoce'? Él me decía que no. Texas, es el estado amistoso, me decía. ¡De veldá' que sí!

SUSSY-SUSANA

Nuestra amistad duro 49 años, 1969-2018.

El 24 noviembre de 2018, yo ya vivía en San Antonio y la visitaba a cada rato. Sussy, mi amiga, y hermana del alma, pasó a mejor vida. Nos llamábamos todos los días; no se había sentido bien y me dijo que ella sentía que ahora sí se le había llegado su hora, que ella estaba preparada para lo que Dios decidiera, que estaba ya muy cansada. Siempre me decía así cuando se sentía mal. Si la invitaba a algún sitio, se le quitaba la enfermedad y nos íbamos. Tenía un ánimo tremendo. Aunque nos teníamos que parar y buscar algo en que sentarse para descansar. Eso me dijo por muchos años.

Ella era católica, yo protestante. Me pedía que rezara por ella y orábamos por el teléfono o en su casa. Su enfermedad duró muchos años. Algunas veces iba a mi iglesia y yo a la de ella. Aceptó a Jesucristo como su Salvador, aprendió algunos coritos, que cuando íbamos en el carro los cantábamos. Muchas veces era ella la que me pedía que cantáramos algunos coritos.

En el tiempo que estuvo enferma, nos seguíamos visitando, hablábamos, orábamos, nos reíamos a pesar de que no se sentía bien; siempre había algo para reírnos. Cuando la invitaba a algún sitio, se olvidaba que se sentía mal, y nos íbamos. Tenía un ánimo tremendo. Yo le decía que me diera la mitad de su energía, que me la dejara de herencia.

La semana antes de irse con el Señor no pudimos hablar porque yo no tenía teléfono. La estuve llamando con el teléfono de Enrique, como no lo conocía, no me contestaba. Pasó la semana y el sábado me desperté con ella en mi mente, y algo me decía, llama a Susana. Como algunas veces le decía, Dios camina por caminos misteriosos; sentía como algo en mi alma, me sentía triste. La llamé temprano y me contestó su hijo menor. Me dijo que su mamá estaba muy enferma y que no podía hablar. También estaba su sobrina de San Antonio. Me dijo que Sussy tenía los ojos cerrados, saliéndole lágrimas. Le dije que le dijera que la había llamado y le expliqué que había llamado, pero que ella no me contestó.

No habían pasado ni dos horas cuando me llama su hijo, para decirme que su mamá había muerto. Muerte de cuerpo, presencia de Dios. Algún día nos veremos, hermana.

Fuimos Enrique, Carol, que era su ahijada, y yo al velorio. No pude regresar al entierro porque Enrique ya estaba muy enfermo. Tengo la certeza que la veré algún día. No te digo adiós, hermana, sino hasta luego. Solo te adelantaste un poco.

El día del entierro de Sussy, mi amiga Donna tuvo un accidente en el expreso y fue arrollada por un carro y murió. Que descanses en paz, querida amiga.

Aquí voy a escribir algunas de mis vivencias con Sussy. Fueron muchas, pero el tiempo se ha encargado de borrar algunas, con estos momentos seniles. Otras han sido tan queridas y cómicas, que no se han olvidado. Antes de que pase más tiempo, he decidido escribirlas. El tiempo no perdona.

Sussy me llevaba once años. Criamos nuestros hijos como en familia.

Una mujer muy caritativa, con un corazón que no he visto otro igual. Ingenua, pero no tonta; no le gustaba la injusticia. Donde había una necesidad y ella podía ayudar, allí estaba ella. Ahora me tenía a mí. Me convertí en su chofer, confidente, hermana, amiga. Ya no me preguntaba si la podía llevar, sino, mañana o el día que fuera vamos a ir a hacer esto o aquello. Ok, le decía yo. Si no podía le decía, lo siento, hoy no, pero mañana sí.

Antes de conocernos ella no salía mucho, no sabía manejar-guiar. A Pedro, su esposo no le gustaba que saliera cuando él se iba a su trabajo. Chofer-camionero-troquero de *eighteen wheeler*-dieciocho ruedas, otra palabra tex-mex.

Pedro era una persona muy amable, creo que le caímos

bien; llegabas a esa casa y enseguida te ofrecían un café, refresco o comida. Siempre había algo de comer. Y si decías que no, como cada quince minutos te volvían a ofrecer, o te servían un refresco. A lo mejor pensaban, ¡bueno esta gente nunca se van a ir! Esto es cosa mía. Pan dulce-dulce de la repostería ni se diga, siempre tenían. De verdad que nos sentíamos como en nuestra casa. Ellos también en la de nosotros.

Pedro estaba acostumbrado a ver a Sussy en su casa siempre y le gustaba, cuando llegaba de sus viajes, después de ir a visitar la cantina de la Agnes, llegar de sorpresa a la casa. Algunas veces temprano, no encontraba a Sussy en la casa, andaba conmigo antes de que los nenes-niños salieran de la escuela. Para él eso era no, no. No sabía de ella hasta que yo la dejaba en la casa. ¡A la fregada-me chave!, decía Sussy, ¡Pedro ya llego! Cuando él le preguntaba ¿dónde chingao-rayo-demonios (otra palabra que en Puerto Rico no se dice) andabas? Ella le decía, Pedro, con Nydia.

Sí, me imagino que en alguna cantina de la Agnes, le decía él. Ella me defendía y le decía que no hacíamos eso. Nydia no es así.

Él no sabía que, sí íbamos por la Agnes, pero no para ir para las cantinas —en esa calle había muchas cantinas—. Íbamos porque Sussy me decía que la llevara para ver si el carro de Pedro estaba en alguna cantina. Yo le decía, te llevo, pero no me paro si vemos el carro. Seguro que sí te vas a parar, me decía ella. Lo siento, si ves el carro, lo ves y se acabó, ¡yo no me paro! Cuando llegue a la casa te las arreglas con él. Nos reíamos; gracias a Dios nunca vimos el carro, quizá porque yo no iba muy despacio.

Seguí yendo a la casa de Sussy y ella a la mía, después que yo recogía-arreglaba la casa, ella también. Aunque tenía que ir por ella, se pasaba el día conmigo hasta la hora de ir a esperar a los niños de la escuela. Después, en la noche, hablábamos por teléfono, por si acaso se nos olvidaba algo. Eso sí, yo le dije, no me llames a la hora de la comida-cena, porque no te voy a contestar. Algunas veces me llamaba y le contestaba para decirle, mira te dije que no me llames a estas horas, te llamo después, y le enganchaba. Ella me decía, ¡¡bueno, pues no te llamo más!! Era lo último que oía que me decía. Como quiera, me llamaba. Y me contestaba cuando la llamaba después que terminaba lo que estaba haciendo.

Carol nació el mismo día del cumpleaños de ella en el 1971. Nos aplacamos-no salíamos tanto, un poco, como decía Sussy. Carol fue nuestra compañera, por tres años, Carol durmió muchos sueños en la cama de Sussy. Mientras Sussy y yo nos conocíamos, algunas veces Glorivi y Donna aparecían por allí.

El tiempo pasó, bueno no pasó, ¡¡¡¡VOLÓ!!!!

RUIDOS EXTRAÑOS

En la casa de Sussy se oían ruidos extraños. Si estábamos en la cocina, como ella no trancaba-cerraba con llave las puertas, sentíamos que alguien entraba por la sala. Si estábamos en la sala sentíamos alguien en la cocina o en los cuartos de dormitorios. Había una puerta en la sala que iba para los cuartos. Ella me decía que era el viejito que le vendió la casa a Pedro. Cuando se la vendió, venía a visitarlos. Ella decía que esos ruidos eran de él, que venía a visitarla. Ya había muerto. Yo le empecé a gritar, señor Lira, váyase a descansar, ¡usted ya no tiene más parte en este mundo! Y nos reíamos. Ya no le hacíamos caso.

Un día me dice, que el señor Lira dejó unas cosas dentro del plafón-el ático de la casa y ella ya no las quería ahí más. Buscamos una escalera y me subí, había muchas cosas, entre ellas tres cunitas de madera antiguas, de muñecas. Le pregunto, ¿qué vamos a hacer con ellas? lo demás eran cosas más viejas que el viejito, ahora son antigüedades, en aquel tiempo a mí no me gustaban las cosas viejas, "namá" a Enrique, ni a Susana, así le decía algunas veces. Me dice Susana, ¡ya sé!, voy a llamar a la k-uno —era su estación de radio favorita— para ver quién las quiere. Llama y en menos de media hora llega esta muchacha por una cuna, estaba encinta y se da cuenta que eran de muñecas. Veo-miro a Sussy, y me dice, ¡ay se me olvidó decirles que son de muñecas! ¡¡Sussy!! Se fue la muchacha y escondimos las cunitas que las teníamos en el balcón-corredor. Enseguida llega otra en un taxi más preñá'-gorda que la otra. Señora, ¿todavía no se llevan las cunas?, yo necesito una, le dice a Susana. Nos miramos, Susana no hallaba qué decir, y yo le digo, dile que ya se las llevaron. Le dice. Pronto-rápido nos metemos para la casa, no podíamos dejar de reírnos. ¡Sussy! ¡No puedo creer que se te olvidó decirles que eran de muñecas! No sé qué pasó con esas cunitas. Me las debí de llevar yo, pero como no me gustaban las cosas viejas, ni modo. ¡Qué boba! Estaban preciosas.

Sussy no conocía mucho de Corpus, yo tampoco. Como se me había quitado el miedo a guiar-manejar, algunas veces nos íbamos a pasear. Me gustaba ir para la playa y sentarnos en unos escalones que hay al frente de la playa a contarle a Sussy como eran las playas de Puerto Rico. Las playas de Corpus Christi no se ven azules. El resto es historia.

LA COMIDA

Cuando llegué a Texas, no me gustaba mucho la comida, especialmente con el dolor de barriga-panza que me dieron las tortillas de harina, en casa de Fina. Me gustaron los taquitos de tortilla de maíz tostados-cryspi tacos. Cada vez que comía esos tacos, sonaban en mi boca y sentía que la gente me oía todo ese ruido que yo oía en mi boca. Le preguntaba a Enrique si el oía el ruido. Él decía que no.

Aprendí a comer menudo, no mondongo, —aunque en Puerto Rico no había quien me hiciera comer mondongo—. A mí me sabía sabrosísimo el menudo mexicano, especialmente el de Sussy. Pensaba, lo que me perdí en Puerto Rico, aunque en Texas está hecho diferente, la pestecita o el olor, huele más o menos igual.

LA K-UNO

Sussy llamaba a su estación de radio favorita la KUNO, pedía canciones y la complacían. Yo no conocía puertorriqueños y ya ansiaba tener una conversación con mi gente. Le dije a Sussy que preguntara en la radio si podían pasar un mensaje. Le dijeron que sí. Les dije que era puertorriqueña y quería que si algún boricua oía este mensaje que me llamara. Me llamaron un montón, hasta alguien que estudió con mi hermano en Puerto Rico. En cuanto me vio me dijo, ¡tú eres hermana de Efraín! Nos hicimos muy buenas amigas. El mundo es muy pequeño.

Empezamos a reunirnos en las casas, especialmente en la mía. A Sussy le encantaba ir conmigo, pues siempre teníamos comida, música, bailábamos y se ponía la cosa buena, sin licor. Conocí muy buenas amistades, hasta el día de hoy. Muchas familias eran militares, se iban, venían nuevos y enseguida nos conectábamos. Otros tenían mucho tiempo de vivir en Texas. Se me prendió la idea de formar un club. Les planteé mi idea. No hubo mucho interés, como quiera, nos seguimos reuniendo en diferentes casas. El Club Borinquen se formó años después.

LOS TAMALES

Comí los primeros tamales en casa de Sussy, me encantaron. A mi mamá le gustaron mucho. Siempre tenía para cuando mamá me visitaba. Sussy y mamá se llevaban muy bien. Mamá me decía; quédate aquí conmigo porque algunas veces no la entiendo. Con el tiempo yo la ayudaba a hacerlos, bueno..., solamente a poner la carne, enrollarlos y amarrarlos, porque me decía, embarrar-ponerle la masa, no, porque no sabes. Para ella, nunca aprendí. Aprendí a cocinar y me gustó, después decía que necesitaba dos cocinas.

Ella nunca aprendió a hacer mi arroz con gandules-guandules, aunque les encantaba, me compraba todo para que yo se lo hiciera. Iba a su casa, hacíamos el arroz, le hacía mis habichuelas-frijoles, que ella le llamaba "bichuelas" y la carne la hacía ella, las tortillas no podían faltar. Era una cocinera excelente, echaba tortillas todos los días. Yo nunca aprendí a hacerlas. Traté y me decía Glorivi, que parecían suelas de zapatos. Nunca las he podido hacer redondas. Como las conseguí en mi HEB, Enrique nunca protestó, a mí me gustan más las de maíz, pues no las hice más; les decía, mi chef en HEB me las hace.

LA MADRINA DE MAMÁ

En una de las veces que mamá vino a Texas a visitarme, estábamos en la mesa "ayudándole" a Sussy a hacer tamales. En ese tiempo a mí me gustaba hacer chistes bobos, bueno no tan bobos. Mamá me regañaba y me decía, Nydiaaa. Aunque se reía, yo le decía, ay, mamá no se puede estar seria todo el tiempo. La conversación cambió, Sussy y mamá empezaron a recordar tiempos pasados. Especialmente de las madrinas. Cuando mi mamá le dice a Sussy, sí, así era cuando yo también era niña. Cuando me iba a casar, mi mamá mando a traer a mi madrina, para decirle y pedirle permiso.

¿Permiso? Le pregunto yo. Sí, permiso, y mi madrina me dijo, ay no, no te cases con ese viejo cojo —mi papá le llevaba 16 años a mi mamá y no era cojo ná'—. Ella no le hizo caso y se casó con mi papá. Mamá nos dice, y mi madrina tenía mucho dinero. *¡¡¡Wow!!!,* le digo yo. ¿Y te dejó a ti algo? A lo que mamá me contesta, con unos ojitos pícaros, ¡muchacha!, no me dejó ni el ano pa' un pito. (Le escribí ano porque Abby, mi hermana, me dijo que no le pusiera lo que dijo mamá). ¡¡¡¡MAMÁ!!!!, le digo yo. ¡Susana se moría de la risa! ¡Yo no podía creer lo que mamá acababa de decir! A lo que mamá me dice, ¡ay, no me pude contener! Nos hemos reído en cantidad. Cuando Susana quería decir algo parecido, decía; y como dice tu mamá, no me dejó el culo ni para un pompito. La trataba de corregir; nunca pudo decirlo bien, y nos reíamos en cantidad. Recordando a mamá, yo hasta la fecha me río. Hace pronto me enteré que mamá sabía muchos dichos.

SUSSY- MAMÁ OSA

Aunque Sussy no sabía leer ni escribir, por razones que no voy a explicar aquí, déjenme decirles que era una persona inteligentísima, una lástima que no pudo usar todo su potencial. Yo le decía que si ella hubiera estudiado, hubiera sido una abogada o una política honrada. Una líder ya lo era. Traté de enseñarle a escribir, pero me hacía las letras y los números al revés, en ese tiempo no se oía nada de la dislexia. No quiso seguir.

Yo no sé de dónde Sussy sacaba tanta energía. Su casa brillaba de limpia, sus cinco varoncitos y Pedro siempre estaban muy bien vestidos, ropa planchada, limpios y hasta los mahones-mezclilla-blue jeans, les planchaba. Muy educados. Te saludaban que parecían unas personas adultas. Te daban la mano y te preguntaban, ¿cómo está Nydia?, o el que fuera. Pedro ni se diga, muy educado también.

Ah, pero que no pasara algo en la escuela con sus niños, parecía una mamá osa, especialmente cuando ella sabía que ellos no eran problemáticos. La maestra, el principal o quien fuera la iban a oír. La respetaban mucho.

Hacía tiempo hasta para tener un jardín de flores precioso, sembraba vegetales, árboles frutales… yo, todo se me secaba y compraba mis frutas y vegetales en la tienda. ¡Ah!, y las toronjas de ella eran deliciosas. Ella compartía conmigo vegetales y toronjas.

Como digo yo, como Abby, mi hermana, Sussy y Niki —mi otra amiga del alma—, no hay dos. Con eso y todo limpiaba casas, yo la llevaba algunas veces y la esperaba, no me dejaba que la ayudara, y seguía la plática-conversación; así nos fuimos conociendo más, entre risas y conversaciones, algunas veces casi sin entendernos.

YUNITO

Todo el que llegaba a su casa comía, y lo sentaba en su

mesa, nada de comer afuera o en el corredor-balcón. Por eso nunca les faltó nada. ¡¡Gloria a Dios!!

Especialmente Yunito, una persona especial que casi todos los días iba a comer algo. Cuando llegaba después de la comida y no había ya, le preparaba un sándwich. Ella lo sentaba en la mesa de la cocina y si yo estaba ahí, comíamos, o comía con el resto de la familia. Casi siempre comíamos en la cocina, tenía una mesa grande, ahí es donde está lo mejor. La mesa del comedor era para cuando tenía fiestas. Algunas veces Yunito venía sucio y apestoso. Ella le decía, la próxima vez, vienes cuando estés limpio. Sí, decía él. Siempre lo recibía como viniera. Algunas veces los muchachos se quejaban por el olor. Ella les decía, aquí va a comer Junior.

MI LÍDER, SUSSY

Me di cuenta la clase de persona y líder que era cuando mi familia pasó por una desgracia horrible, no sabíamos cómo íbamos a resolver. Cuando ella se enteró por la televisión o la radio, me llamó, lloró conmigo, le conté bien lo que pasó. Le dije que Enrique se estaba preparando para ir al banco a pedir un préstamo, porque a todas las funerarias que había llamado querían el dinero primero y después lo demás. Ella me dice, esperen, déjenme hablar con esta persona y te llamo rápido. No esperamos mucho.

Cuando me llamó me dijo, todo está arreglado. El juez Cantú, que tiene una funeraria con su esposa, va a ir a recogerla al hospital y dice que no se preocupen por nada, que después arreglamos.

Llamé a la k-uno y ya empezaron a pasar un anuncio para donaciones, me dice. ¡Sussy! ¡¡¡me has dejado sin palabras!!!, le dije.

Las donaciones empezaron a llegar a la k-uno, Sussy recogió donaciones, mis hermanos y hermanas de Puerto Rico, mi hermana, de Virginia y otros sitios aportaron.

Cuando pasó todo fuimos a la funeraria Sussy, un representante de la k-uno y nosotros, con el dinero que recogimos. El juez nos dio el balance de lo que se debía, se empezó a contar el dinero y para sorpresa de nosotros se recolectó exactamente lo que se necesitaba para pagar todo. Ni un centavo de más, ni uno de menos. Yo vi eso como un milagro de Dios, le di las gracias a Dios por haberme mandado ese ángel que no necesitó un diploma de Universidad para ser una excelente persona, amiga, hermana, líder y ciudadana. ¡¡Ya sentía un cariño por ella como de hermana, ahora sí que se selló esa hermandad!! No la cambio ni por la amiga más estudiada y rica del mundo. Gracias, Sussy, la k-uno, juez Cantú y su esposa por su ayuda, y a todas las personas que aportaron.

ACTOS BENÉFICOS

Hicimos muchos actos benéficos para ayudar a personas en necesidad. Casi siempre comidas para vender. Ya solamente me llamaba y me decía lo que quería hacer. Me haces la lista de lo que necesitamos, y me daba el menú. Empezaba a pedir donaciones o las personas compraban lo que se necesitaba y se lo llevaban a la casa. Ya tengo esto y aquello, bórralo de la lista, me decía. Tú vas a hacer el arroz y las "bichuelas". La carne la hacían sus hijos afuera, en la BBQ. ¡Ella hacia la ensalada de papas, riquísima! Y todo se vendía para donarlo a la necesidad que fuera.

Un día consiguió unos envases de vidrio, me dio un sharpy con tinta negra y me dijo lo que tenía que escribir. A su sobrina de San Antonio le nació un nietecito enfermo. No tenían seguro médico, ni dinero para pagar el hospital. Nos fuimos a las tiendas, puestos de gasolina y restaurantes, ella pidió permiso de si podía poner los envases; después de explicarles la situación. La llevé a dejarle el dinero a su sobrina en un pueblo cerca de San Antonio. ¡Tremenda mujer!

MI VECINO MÁS CERCANO Y EL QUESO

El primer cumpleaños de Carol, vinieron Sussy con sus cinco varones, Glorivi con sus dos varones y la nena, mi vecina Marily con su niño; no recuerdo por qué no vino Donna. Solamente Carol y la nena de Glorivi eran las únicas niñas. ¡¡¡Toda mi familia reunida!!! Y como digo yo, ¿quién es tu familia? Tu vecino más cercano. ¡¡¡Gracias familia!!! Gracias

Dios mío por haberme traído a este país donde fluye leche y miel.

Vinieron un día Sussy y sus niños a mi casa, hacía frío y les ofrecí un chocolate calientito. Al servir el chocolate le eché en la taza un pedazo de queso amarillo; se lo tomaron y se comieron el queso. Vinieron otra vez, como todavía hacía frío, les ofrecí chocolate otra vez. Sussy dijo que sí, y uno de los niños me dice, muy quedito-bajito, sí, Nydia, pero sin queso. ¿Sin queso? ¡Ay bendito!, pero si eso es lo más rico, chico; ¡calientito con el queso derretido! Me dice Sussy riéndose, no, Nydia, aquí no se toma chocolate con queso. Ay, ¿y por qué no me dijiste? ¡En mi casa así tomábamos el chocolate! Le dije, ay, qué buenos nenes, y se lo comieron. Sí, porque yo les dije que se lo tenían que comer y hasta yo me lo comí, me dice ella, y se empezó a reír con esa risa contagiosa. A Sussy nunca se le olvidó el chocolate con queso. Después que cogió-tomó confianza y me decía, ¡¿cómo puedes comer eso?! ¡Oh, es riquísimo!, le decía. Algunas veces le pedía queso para ponerle al café también. Ella siempre hacia café cuando íbamos a su casa. El café de ella era delicioso, me dijo como lo hacía; yo lo hacía igual, pero nunca me salió como el de ella. Y con queso, ¡riquísimo! Debía tener algún secreto que nunca me dijo, igual que mi otra amiga; pero el secreto de ella sí lo descubrí.

LA BARBACOA

También le decía a ella cómo podía comer esa barbacoa, ¡¡y con sesos!! Estás loca, ¡yo no como eso ni loca!, le decía. Ay, no, es bien sabrosa-rica, me decía.

Nos invitó a desayunar con ellos y cuando llego tenía barbacoa, yo no hallaba qué decir, ¡ella sabía que a mí no me gustaba! Le iba a decir que solamente quería huevos y unas papitas fritas que vi en el sartén con una tortilla. Cuando me dice, mira te compré barbacoa sin sesos para que la pruebes. Es carne solamente, sabe bien sabrosa-rica así también. Me dio vergüenza, pena, como decía ella. Le dije, bueno dame un poquito, no hallaba como comérmela y la envolví con los huevos, frijoles refritos y las papas e hice un taco. De ahí en adelante comí barbacoa de cabeza. Me gustó. Esto fue años después de estar en

Texas.

Cuando le dije a mamá lo que había comido, no lo podía creer. Se comen los sesos de la vaca, yo no comí eso, le digo a mamá. Ay, nena, y tan melindrosa-chabona que eras para comer aquí..., ¿qué te pasó? Si no como, me muero de hambre, mamá, le dije, aunque ya comía algunas comidas mexicanas y tejanas.

PUERTO RICO

En mi primer viaje a Puerto Rico había rebajado de peso, salí en abril de 1969. Regresé en diciembre a la muerte de mi papá. Se asustaron en casa y querían saber si Enrique me maltrataba, que si me quería quedar y no regresar, estaba bien, me dijeron mamá, mis hermanas y mis hermanos. No, no es eso, es que la comida no me gusta mucho, les dije. También había pensado seriamente decirle a Enrique que nos regresáramos a Puerto Rico, o me regresaba sola. No tenía excusa para regresarme, Enrique me trataba bien. Mas yo me sentía que estaba de vacaciones.

Cuando regresé con Carol, entonces me dijeron, chica

estás gorda, ¿qué estas comiendo allá? Bueno, a ustedes no hay quien los entienda, si estoy flaca es malo, si estoy gorda —aunque no estaba tannn gorda—, también. ¿Qué tienen? Ya me gusta la comida mexicana y la tejana.

Sussy se reía con una risa que le salía, como le decía yo, de corazón adentro. Le decía también que no se iba a morir joven, porque la gente que se ríe como ella dura mucho. Qué bueno, Dios te oiga, me contestaba ella. Sí, porque te ríes con el estómago, le decía.

Un día me invitó a esta tienda porque necesitaba comprar unas yerbas para hacer té. Cuando entré a la tienda sentí algo que no me gustó. Había muchas velas blancas, negras y rojas; bastantes santos, vírgenes, rosarios y no sé qué tantas cosas más. Sussy platicó-habló con la dueña, yo escuchando. Unas conversaciones que no entendía. Cuando salimos le dije que esa tienda parecía como de brujería.

—Oh sí —me dice—, aquí hay muchas personas que hacen mal.

—¿Tú crees en eso? —le pregunté.

—Yo no, pero una nunca sabe...

—Pues yo no creo en eso tampoco —le dije—. ¿Qué significan esas velas de colores?

—Las blancas son buenas, las otras dos son para hacer brujería.

Para mí, ella también creía en esas porquerías.

—Te voy a decir algo, la Biblia dice que nos apartemos de esas cosas.

Traje mi Biblia para su casa y le leí lo que dice acerca de eso.

—Cuando vayas a esa tienda, te vas sola, no me invites. Además, aquí las tiendas de comida venden tés. La brujería, cuando tú estás con el Señor, si te la hacen, como uno no lo recibe, se le vuelve a la persona que quiere hacerte mal. Sí, existe, pero Dios es más fuerte que eso.

Nunca más hablamos del asunto. Yo creo que sí los consultaba.

A pesar de que sufrió mucho cuando era niña, nunca guardó rencor a nadie. Cuando decidí escribir de mis amigas y yo, también decidí solamente contar las cosas bonitas que hicimos, el idioma extraño que hablábamos...

PERO…

Pero..., siempre hay un pero. Yo no me había dado cuenta de que la violencia doméstica era algo bien peligroso. En la casa de mis padres nunca vi violencia.

Cuando se casó mi hermano, mi cuñada y él se peleaban como perro y gato; también por la bebida. Nunca relacioné eso con violencia doméstica, una era que no sabía lo que era y mi cuñada no se dejaba, parecían boxeadores; muchas veces mi hermano era el que perdía. Se peleaban, en unos cuantos días, aparecían en casa como si fueran novios.

En la casa de Sussy parecía que todo marchaba bien, hasta que llegaba la noche o cuando no había nadie. Nunca he podido soportar los borrachos; es algo que nunca he podido aceptar, especialmente cuando se salen de control. Cuando Sussy me contó lo que ella estaba pasando, debido al vicio de su esposo, yo no lo podía creer y pensaba yo, ¿cómo una persona se deja abusar así y no se defiende? A Sussy, nunca le vi ningún golpe-moretón, ella siempre estaba tan contenta, riéndose siempre, ayudando a la gente; todo el que llegaba a su casa era bien recibido, etc. Pedro, muy cortés y amistoso, siempre con muy buena plática-conversación. Nunca lo vi de mal humor, ni con mala cara, cuando visitábamos, nunca lo vi borracho.

Estábamos en la cocina, y me dijo que Pedro le dio unos chingazos-le pegó-le dio, cuando le estaba sirviendo la cena-comida, que le pegaba muy feo-fuerte. Los nenes-niños siempre estaban dormidos cuando él le pegaba. Yo veo un sartén de hierro que ella tenía en la estufa. Se me ocurrió decirle, chica con ese sartén que tienes ahí cuando te dé-pegue y se siente a comer, agárralo y métele con él en la cabeza y te vas a correr. "Dale un tocaíto namá" —eso es puertorriqueño— y llamas la policía. Ella como siempre, se rio, creo que no entendió lo que le dije. Y me dijo, dice él que si le levanto la mano me barre por la calle Agnes y me mata. Ah, eso es embuste-mentira, chica, le dije. Era su calle favorita, quizá para que sus amigos lo vieran que macho era. No sé.

No pasó mucho tiempo cuando me llama riéndose y como nerviosa; me dice:

—Nydia, Pedro anoche me pegó-me dio una cachetada-galleta, le serví la cena, se sentó a comer, agarre el sartén y le metí un sartenazo. Se paró para pegarme otra vez, agarre un cuchillo y le dije, ¡si me vuelves a pegar-dar otra vez te lo voy a enterrar en la panza-estómago!

—¡¡Ay Susana!! ¿Y qué pasó? ¡Me asusté! ¡Yo no te dije nada del cuchillo! Nada más, que te fueras a correr y llamaras a la policía —le dije.

Se empezó a reír y me dice:

—Nada, lo que me dijo fue que estaba loca y se fue, ni siquiera cenó. Como a las dos horas regresó y se acostó sin decirme nada. Estaba esperando que me pegara-diera; me hice la dormida y no dijo nada. Nunca más le alzo la mano para pegarle.

—A lo mejor creía que tenías el cuchillo contigo —le dije.

Con el tiempo me decía, ¡Ay Nydia tanto que le aguanté a Pedro! Si me hubiera defendido no habría sufrido tanto.

Yo no le recomiendo esto a nadie en estos días. No usen el sartén, ni el "tocaíto". Solamente que busquen la salida lo más pronto posible. ¡Estaba joven y en realidad no entendía eso de violencia doméstica! Después nos reíamos y yo le decía, ¡yo no te dije que cogieras-tomaras un cuchillo!, nada más que le dieras un "tocaíto" con el sartén. Le expliqué lo que era "tocaíto", no muy fuerte, pero suficiente para que lo sintiera. El valiente vive hasta que el cobarde quiere.

Coger, no se dice en tex-mex o México. Esa palabrita me ha costado que se rían de mí y me miren como sorprendidos. Quiere decir tener sexo. Para mí, es coger algo en la mano. Tampoco puedes decir un palo, para nosotros quiere decir tomarse un *shot* de ron, en Texas es tener sexo a la carrera-rápido.

Yo le dije a Enrique que le aguantaba pobrezas, hambre, si tenemos que vivir debajo de un árbol, vivimos, una cosa te digo, no te aguanto golpes, ni celos; yo, me celo sola. Si algún día me pegas-das, vale más que duermas con un ojo abierto porque en la noche te bateo y me voy a correr. Le doy otro "tocaíto". Yo tenía un bate chiquito, lo más lindo, que nos regalaron cuando pusimos alarmas de fuego en la casa. Era para romper la ventana en caso de emergencia. Le decía, ¡ya tengo mi bate! Se lo recordaba de vez en cuando. Él se reía. Dices eso porque sabes que yo nunca te pegare-daré. Mi papá siempre me decía que a una mujer no se le pega ni con el pétalo de una rosa, me dijo. ¡¡¡Na má' atrévete!!!, le decía. Y nos reíamos.

Mi mamá me contó que le dijo eso a mi papá; no lo del bate, era 16 años mayor que ella, y Enrique es 14 años mayor que yo. Cuando me fui de Puerto Rico, me dijo mi familia, si Enrique te empieza a maltratar, nos avisas y te mandamos el pasaje para que te regreses. Gracias a Dios, eso nunca pasó. Enrique siempre ha sido muy comprensivo, nunca me ha celado y hemos vivido una vida sin violencia. Problemas, algunos, ¿quién no los ha tenido? Y el bate, todavía lo tengo por si acaso. "Pal' tocaíto".

La vida de Sussy cambió, ahora vivía una vida tranquila. Pedro no le decía nada cuando no la encontraba en la casa porque andaba conmigo. Aunque algunas veces le decía que nosotras íbamos a la calle Agnes, a bailar el baile de la peseta. Los hombres les pagaban a las mujeres una peseta para que bailaran con ellos. Sussy no le hacía caso.

Ella nunca descuidó su casa, yo tampoco la mía. Y nunca

pisamos una cantina-bar. En Puerto Rico, uno conocía donde había un bar, porque tenía luces blancas como de Navidad. En mi primera Navidad, cuando pasábamos por los negocios y casas que tenían luces de Navidad, le preguntaba a Enrique por qué había tantos bares-cantinas en Corpus Christi. Me explicó que porque era Navidad, eran tiendas y casas, no bares; se adornaba así, con luces. En Puerto Rico, en mi tiempo, la gente no adornaba con luces. No se celebraba Santa Claus, sino los Reyes Magos, el 6 de enero. Hoy en día se celebran los dos. Yo he guardado la tradición con mis niños y ahora con mis nietos: Santa y los Reyes. Cuando el club se formó, a todos los niños del Club Borinquen, el 6 de enero les hacíamos una fiesta de los Reyes y les explicábamos el significado de la fiesta. Hacíamos un nacimiento y los vestíamos como en el tiempo de los reyes. Y les dábamos regalos.

Nunca me ha gustado la tradición en Texas de abrir los regalos de Navidad a las doce de la noche. Hacen la cena de Navidad el 24, se cena como a las 9 o las 10 de la noche. Están fiestando toda la noche y a las 12 de la noche, abren los regalos,

los niños están jugando con sus juguetes casi hasta la madrugada. Susana nos invitó muchas veces a la cena de Navidad. Yo les decía a mis nenes-niños; vamos a ir a casa de Sussy, y ya saben que nosotros no vamos a abrir los regalos hasta que ustedes se levanten en la mañana. Al tiempo me dijeron que ellos se sentían tristes porque en la casa de Sussy, los niños abrían sus regalos y ellos no recibían ninguno. Me dio pena eso. ¡Qué tonta!, les hubiera llevado uno por lo menos. Ella siempre me decía, para Navidad no tenían mucho dinero para comprar regalos. Nunca me dio uno. Yo siempre le regalaba algo a ella. Y como me decía mi sobrino Raúl, titi tú piensas bien, pero piensas tarde.

En nuestra casa, los nenes se acostaban el día de Navidad un poco más tarde de lo acostumbrado, cuando no íbamos a la casa de Susana. No había regalos debajo del árbol de Navidad hasta en la mañana cuando despertaban. Comíamos-cenábamos temprano. Salíamos a dar la vuelta a ver las luces de Navidad. Había una casa que la arreglaban preciosa, yo creo que toda la gente de Corpus pasaba a verla. Un desfile de carros tremendo. Cuando los nenes-niños se dormían, entonces Santa venía. En la mañana, después que abríamos los regalos, desayunábamos un buen desayuno de huevos, frijoles refritos, tamales y tortillas. Café y jugo. Todo el día los nenes jugaban con sus juguetes. Comíamos tamales todo el día. Yo no cocinaba cena de Navidad.

Teníamos unas amigas méxicoamericanas, que nos estaban visitando; era Navidad. Me fui a la cocina a prepararles algo de comer. Cuando oigo a una de las hijas de mi amiga, preguntarle a la mamá porque había tantos zapatos debajo del árbol de Navidad. La mamá le dice; no sé, quizá es alguna tradición de Puerto Rico. Me empecé a reír, fui a la sala y le dije que no, les conté el porqué de los zapatos. Tenía esta vecina anglo con su esposo tex-mex y ellos tenían una niña un poco menor que Cindy, mi hija; las dos eran muy buenas amiguitas. Cindy vio que en la casa de su amiguita, el día que ponían el árbol, la nena ponía sus zapatos debajo del árbol y en la noche, los papás-Santa, le ponían un dulce en cada zapato, hasta que Santa venía. Cindy me dijo lo que hacían en casa de su amiguita y ella quería hacer lo mismo. Lo único que ella era una y nosotros ocho, ella quería los zapatos de nosotros también para que Santa nos dejara dulces. Entonces debajo de nuestro árbol había ocho pares de zapatos. No quedó más remedio que comprar una bolsota de dulces. La risa no pudo faltar. ¡¡Que tradición ni que tradición!! ¡¡Mía no!! Eso les gustó mucho a mis niños, porque le ponía más de un dulce a cada zapato.

Invito a Sussy a la casa de mi amiga cubana. Llegamos después de mediodía y nos pregunta si queríamos café. ¿Con leche o negro?, nos pregunta. Yo siempre lo he tomado con leche y azúcar, pero cuando es cubano me gusta negro y puya-sin azúcar. A Sussy siempre le ha gustado negro con azúcar.

Cuando nos trae el café, Sussy ve las tacitas chiquitas me mira, como diciéndome, ¿qué tazas son estas? Cuando lo prueba, me abre tremendos ojos. ¡Ups! se me olvido decirle que el café cubano es fuerte-"calgao". Le iba a explicar, cuando pone el café en la mesa y le dice a mi amiga, ¡Oh!, ¡yo no puedo tomar ese café! Cuando nos fuimos, me dijo, hijo de la fregada, ¿cómo te pudiste tomar eso? ¡Todavía tengo la panza con ganas de vomitar! ¡Y solamente lo probé! En Puerto Rico el café es fuerte, pero los cubanos se llevaron el premio. ¡Sabrosísimo! Nunca se le olvidó el café cubano a Sussy. La risa no pudo faltar, cuando contaba lo que le pasó.

EL GATITO

Cuando empezó Sussy con la menopausia, no había quien le bebiera el caldo. Conmigo no hubo problema, yo solamente la oía.

Apareció un gatito por la casa que la traía loca durante la noche maullando, creo que buscando la mamá. Le dijo a Pedro que se lo llevara para la planta donde él trabajaba. Pedro decía que se le olvidaba. Un día se levantó la Susana de mal humor a hacerle el almuerzo-desayuno y lonche-almuerzo-comida a Pedro. Eran las cinco de la mañana y el gato con su cantaleta, terminó el lonche, agarró el gatito, lo metió en una bolsa-funda de papel y se lo puso en el asiento de atrás. Dice ella que se le olvidó decirle que el gato estaba en el carro. Él se iba como a las 5:30 para el trabajo y cuando iba en el expreso, el gato se sale de la bolsa y le brinca en la cabeza. El pobre hombre dice que pasó un susto tremendo, por poco se voltea, decía él que, gracias a

Dios, no venían carros al lado, o al frente de él. Susana me llama muerta de la risa, que casi no podía hablar y me hace el cuento del gato y lo que le pasó a Pedro. Él la llamó furioso, yo creo que en otro tiempo la hubiera mata'o. ¡¡Entonces sí la hubiera pasa'o por la Agnes!! Qué bueno que todo lo que hacía ella era porque estaba loca, según Pedro. Yo creo que cuando lo del cuchillo ya estaba en la menopausia.

EL TIEMPO VOLÓ

Pasó el tiempo. Entre mis niños, la iglesia, los adolescentes de Sussy, el club, mis ideas después que conocí mi otra hermana-amiga, Niki y con el trajín del tiempo, todo cayó en su sitio y el resto es historia, o más historia.

Pedro se retiró, Enrique todavía trabajando, Sussy y yo de ingenieras domésticas.

Siguió pasando el tiempo, nuestros niños creciendo. Los de Susana graduándose de escuela superior, High School, en tex-mex. Se enlistaron en el militar, los míos también, otros al colegio-universidad, se casaron, etc.

¡El tiempo no pasó. VOLÓ!, como digo yo.

EL PADRECITO

Me llama Sussy, diciéndome que uno de sus hijos quería ser padre.

Se acababa de graduar de escuela superior. Ella ya había hablado con el padre de su iglesia. Le indicaron a dónde ir. Me pidió que la llevara a dejar a su hijo al seminario. Unos días antes fuimos a la tienda, le compró unas camisas blancas y pantalones negros. Estaba feliz, iba a tener un padre-cura en la familia. Lo llevamos. Como a las dos semanas me llama y me dice que la lleve a recoger-buscar a su hijo. ¿Por qué? ¿Se arrepintió?, le pregunto. Ya no va a ser cura. ¿Qué pasó?, le pregunto. Porque ahora va a ser padre. ¿Bueno padre y cura es lo mismo o no? No, no, ¡¡va a ser papá!! ¡Oh! Ok, le digo yo. ¡Lo que va a haber es boda!, me dice. Y como siempre, riéndose. Oh, vas a ser abuela, le dije. La boda la planeó como en dos semanas. Estuvo muy bonita.

PEDRO SE RETIRA

Cuando Pedro se retiró, Enrique me empezó a acompañar a la casa de Sussy. Pasábamos un buen tiempo allá. A Pedro le gustaba mucho ver televisión con los ojos cerrados, o sea, dormido. Si alguno de nuestros hijos iba con nosotros se ponían a ver TV. Sussy y yo nos íbamos para la cocina a hablar-platicar, ella hacia café, siempre tenía pan dulce o le llevábamos. Los llamaba a tomar el cafecito y el pan dulce; ¡¡sabrosísimo!!

Enrique un día me dice que Pedro se quedaba dormido y de momento los ronquidos lo despertaban, miraba a Enrique y le decía, Enrique, ¡qué bueno que están aquí!, ¿y la familia cómo está? Enrique le decía, muy bien, muy bien, Pedro. Él le contestaba, oh, qué bien, qué bien; veía-miraba unos minutos la TV, y se dormía de nuevo. Así seguía, cada vez que los ronquidos lo despertaban. Cuando le dije a Sussy, se moría de risa y decía, ¡ay!, ¡qué Pedro!

Los últimos años de Sussy los vivió tranquila. Pedro ya

no se enojaba cuando salía conmigo. Pedro, Sussy, Enrique y yo, algunas veces íbamos los sábados a desayunar con algunas amistades de ellos y de nosotros.

PLEASANTON

Llevé a Sussy algunas veces a visitar a su familia a Pleasanton, su pueblo natal, cerca de San Antonio. Cuando ella decía que tenía que ir al baño, tenía que ir. Fuimos a echar gasolina. mientras yo echaba gasolina, ella se baja para ir al baño-escusado; iba casi corriendo. Le dicen que el baño esta "rompido"-roto-fuera de servicio. Viene y me dice, ¡pronto, vámonos que me meo! ¿Qué pasó? Esta chinita gente, por no decir la palabra mala, me dicen que esta "rompido" el escusado-inodoro-baño! ¡Vamos, vámonos que me meo! Más al frente hay otra gasolinera, me dice. Entramos, se baja y no viene; pensé, qué bueno que pudo entrar. Cuando sale, la veo que viene riéndose, se sube al carro y dice, ¡dale vámonos antes de que salgan detrás de mí! Nos fuimos y cuando dejó de reírse me dice, me quisieron hacer lo mismo que en la otra gasolinera y me dijeron que la llave del baño se había perdido. Me recordé que mi prima me dijo que si uno no compraba gasolina o mercancía no te dejaban entrar al baño. Yo creo que no se dieron cuenta que ella venía conmigo; llené el tanque. Sussy siguió contando:

—Les dije, o me das la llave del baño o me cago y me meo aquí, ¡porque ya se me está saliendo!, ¡y yo no lo voy a limpiar! Solamente había un cliente hablando con la trabajadora. Me abren tremendos ojos y enseguida la cajera me dio la llave. Entré, me baje los calzones-chones-panties y se me salió un chorro al piso y deje todo mojado. Le di la llave y me salí casi corriendo. No podíamos dejar de reírnos.

—¡¡Ay!!, ¡eres tremenda!

—¡Para que no sean cabrones!

Esa palabra en Texas y México yo creo que no es mala. Cuando los niños no se portan bien les dicen, ¡te apaciguas-te estás quieto o te doy una cabroniza, muchacho cabrón! En Puerto Rico, es una palabra de pelea.

PEDRO ENFERMA

Cuando Pedro enfermó, se acabaron las salidas un poco. Cuando alguien se quedaba con él, Sussy, Niki y yo salíamos; hablábamos más por teléfono. Cuando visitaba a Sussy, le ayudaba a llevar a Pedro al balcón-corredor e iba chocando con la silla de ruedas, las paredes, las sillas del comedor, el sofá, todo lo que estaba al lado de la silla. Pedro se reía, yo le pedía perdón-disculpas, y le decía es que soy muy mal chofer, nunca he manejado una silla de ruedas. Esta silla está muy grande y pesada, le decía. Él me contestaba; no te preocupes vas a aprender un día de estos. Nunca aprendí.

Sussy y yo íbamos a desayunar y hablábamos más de lo que comíamos. Algunas veces venían los hijos de Sussy, algunas amistades de Sussy y Pedro.

DAVID Y SUSSY

Conseguí pasteles puertorriqueños, le llevé para ella y Pedro. Ya sabía ella lo que eran, pues para ella pasteles son cake-queque en tex-mex; mis pasteles son salados y en vez de tener masa de maíz como los tamales, tienen masa de guineos-plátanos verdes y otras viandas, plátano macho como le dicen en México y Texas. Se envuelven en papel de pasteles u hojas de plátano; los tamales, en hoja de maíz. Ella les puso nombre a mis pasteles: tamales puertorriqueños.

Mi hermano David vino de New York a buscar fortuna a Texas. Fuimos a Méjico y se quedó una semana con "nuestros primos", se encariñaron con él y uno de los primos le dijo que se quedara con ellos unos días. Lo llevó a una repostería, David le dice al primo, yo quiero ese bizcochito, y le señala.

El empleado lo oye y le dice al primo, él no es de aquí. Él le dice a mi hermano, eso no se dice aquí y empezaron a reírse. Mi hermano le dice, no yo solamente quiero aquel bizcochito que está allí. Ya había más gente riéndose. Le dieron el bizcochito-pastel. Cuando le explicaron a mi hermano, le dio pena-vergüenza. ¡No hubo más remedio que reírse! ¡El bizcochito es la parte de la mujer!

Fue a una boda con la prima de Enrique y estaban

bailando un bolero, y cerca de la oreja, se le olvidó que no debía decir bizcocho. Ya era tarde-noche, le dice a la prima, ¿y cuándo van a picar-cortar el bizcocho? Ella le abre tremendos ojos y le dice, ¡¡qué, qué, qué!! ¡Aquí no se dice eso! ¡Muy tarde! David no sabía que decirle, se le había olvidado lo de la panaderia-reposteria y se empezaron a reír.

Bueno, le llevé los pasteles, y me fui. En el fin de semana fui a casa de Sussy y le pregunté que si le habían gustado los pasteles. Pedro dijo que sí; ella se empezó a reír, con esa risa contagiosa que hacía que uno se riera sin saber el porqué. Le pregunto, y a ti, ¿te gustaron? No, no me gustaron; tan fea como tan franca, como le decía yo. Se lo di a un gato que estaba en la yarda-patio, los olió y se fue, ¡ni al gato le gustaron! Me dice.

¡¡¡Al gato de tu esposo, le gustaron!!!, le dije. Pedro comió varias veces pasteles y todo lo que le ofrecía se lo comía. Igual que Enrique. Era de buen diente. Le encantaban los tostones, mi arroz con gandules, los pastelillos, etc.

LOS NOMBRES DE MIS HIJOS

Un día estamos hablando-platicando en su casa, y me pregunta, ¿por qué le pusiste a tus niños nombres americanos? ¿Qué tú quieres decir cuando dices americanos?, le pregunto. Tú sabes, en inglés, me dice. Oh, porque estamos en Estados Unidos, de por sí no puede la gente anglo pronunciar muy bien Urbina, dicen Urbaina, Ubana, etc. Así por lo menos no pasan trabajo en pronunciar el nombre de ellos en inglés. ¡Pero tú eres puertorriqueña!, me dice. ¿Qué tiene que ver eso? Yo les puse a mis hijos nombres en español y soy nacida y criada aquí, me dice. Sí, es cierto, le pusiste nombres en español, ¿pero cómo los llaman? Yo siempre oigo que les llaman los nombres en inglés. Y dice, ah, pos sí, tienes razón. Y se acabó la conversación. Gracias a Dios que aquí no usan el apellido de la mamá, porque mi apellido tiene doce letras. Aunque a todos mis hijos les puse mi apellido como el segundo nombre. Ellos ponen solamente la C, a menos que tengan que escribir su nombre completo. Es lo único que no me ha gustado de Estados Unidos. La mujer pierde su apellido cuando se casa. En los países latinos, no. La mujer nunca pierde su apellido.

LA CAÍDA DE ENRIQUE

Fuimos Sussy y yo para las tiendas, y a comer. Ya íbamos de regreso para su casa, cuando recuerdo que en la noche Enrique se cayó en el baño. Yo me había acostado primero y estaba dormida, se necesitaba un ruido grande para despertarme, o que uno de los nenes llorara o me llamara. Cuando oí un ruido, me "desperté", me levanté, fui al baño y vi a Enrique en el piso de la bañera. El me ve-mira, le pregunto, ¿te caíste? Me dice que sí. Le digo, Oh. Y, dicho por Enrique, me di la vuelta y fui y me acosté. Cuando se levantó en la mañana, no me dijo nada de la caída, yo ni me acordé. Le hice desayuno y el lonche-almuerzo y se fue para el trabajo. Le digo a Sussy lo de la caída, yo creo que no le pasó nada, ni me acordé de preguntarle en la mañana, le dije. Sussy como siempre, riéndose.

Cuando llega Enrique del trabajo, le pregunto si se había caído en el baño. Me dice que sí, y le respondí, ¡ay ay ay, perdóname! No lo hice a propósito-adrede. ¿Te duele algo?, le pregunto. La cabeza un poco, me dice.

Acababa de comprar un libro de las selecciones del Reader Digest, que te decía dependiendo lo que tú contestaras, si necesitabas ir al doctor. Fui y lo traje y busqué en la parte si te habías caído. ¿Te duele la cabeza, sí o no? ¿Estás sangrando por los oídos, sí o no? Todo salió bien, a lo último decía si tenías que ir al doctor o no. Le dije a Enrique, no te preocupes es normal que te duela la cabeza un poco, porque te pegaste en la cabeza. Eso dice el libro, le digo. ¡Ay! ¡¡Qué graciosa!! Ni tan siquiera me ayudaste a levantarme, me dice. Perdóname es que tengo un sueño muy profundo. No recuerdo que te dije —también, con tantos muchachos, en la noche estaba rendida—.

Fuimos a visitar a Sussy y Pedro. Enrique les contó lo que pasó con la caída del baño. Yo le digo a ellos lo del libro que tengo y el libro dice que es normal que le duela la cabeza cuando te caes y te pegas en la cabeza y no tiene los síntomas que dice el libro. Lo siento que no lo ayudé... Iba a seguir defendiéndome, cuando Pedro le dice a Enrique, ¿y el libro no dice, y si tu esposa no te ayuda a levantarte, divórciate de ella? Oh, Pedro, tengo que checar el libro, le dice Enrique. Otro momento de risa.

PEDRO Y SUSSY

Pedro enfermó más, ya no se pudo levantar de la cama por su cuenta. Sussy y sus hijos lo ayudaban a sentarse en la silla de ruedas, etc.; todo cambió. Sussy lo empezó a cambiar y a bañarlo. Lo cuidaba con un amor y paciencia que solo Dios lo podía dar. Nunca se le escaldó-quemó o tuvo un accidente en la cama.

Algunas veces en nuestras conversaciones se recordaba del mal trato, su sufrimiento y lloraba. Yo le decía, es duro recordar esas cosas, pero tú lo perdonaste, porque yo veo en la forma que tú lo cuidas, con tanto cariño y esmero. Cuando te vengan esos pensamientos, empieza a pensar en algo más. Ese es el diablo, háblale y dile, diablo mentiroso yo lo perdoné, ¡¡¡te reprendo en Nombre de Jesús!!! Ponte a cantar los coritos que aprendimos. Verás que se te quita eso. Ora o reza para que Dios te quite esos pensamientos.

Una mañana me llama llorando porque le había hecho a Pedro algo. ¡Me asusto!

—¿Qué pasó?

Se empezó a reír y a llorar. ¡¡Ahora sí!!

—¡Qué pasa, chica! ¡Me estas asustando!

—Es que me siento tan mal. Yo no quiero ser mala con Pedro. Él está enfermo y es mi obligación cuidarlo.

—Yo sé que tú lo cuidas bien, le haces todo y con amor, chica, dime que pasó.

—Estaba bañando a Pedro y le estaba enjabonando su espalda (él todavía se podía parar para que ella lo bañara). Me dijo algo que me ofendió, me dijo cosas bien feas-horribles. Me dio tanto coraje que le metí tres nalgadas con toda mi fuerza. No me dijo nada más y se quedó bien callado. Lo termine de bañar, llorando y enojada, nos acostamos y ni media palabra hablamos. Yo me dormí llorando. ¡Yo no quiero que Dios me castigue, Nydia! También le dije, si me vuelves a hablar así, ¡¡te pongo en la casa de los viejos!! ¡¡Y jamás-nunca más te voy a ver!!

¡No hallaba que decirle!, y le digo, al estilo Nydia, pues Dios no te va a castigar ná'. ¡Viejo sinvergüenza!, como ya no te puede dar-pegar ahora te quiere maltratar con palabras. ¡Cálmate, chica y deja de llorar que se merece más de tres nalgadas! A lo mejor le gustaron. Y no te dijo ¡¡sí, sí, dame, dame, más que me gustaron!! Del llanto pasó a la risa y nos hemos reído en cantidad. Le sirvieron bien porque desde ese día no hubo más problemas entre ellos. Y el resto de su vida lo pasó muy bien.

Ya a lo último lo tuvieron que poner en un nursing home-casa de viejos, como decía Sussy, pues las rodillas de ella ya no la aguantaban. Como quiera, nunca he visto una mujer más fuerte que ella. Se pasaba con él todo el día en la casa de viejos, hasta que murió. El pastor de mi iglesia fue y le presentó el evangelio, aceptó a Jesucristo como su Salvador y murió salvo. Estuvieron casados más de cincuenta años.

Al otro día del entierro, se enfermó y la ingresaron al hospital. La fui a ver y estaba inconsolable, me dijo que se sentía muy cansada y que ya quería irse con Pedro, que ojalá que Dios se la llevara. Le dije, que no dijera eso que en unos días se iba a sentir mejor. Hablamos de otras cosas, estuve con ella un buen rato, oramos y me fui. Mañana vengo a verte, que pases buenas noches. Dios te bendiga. Si te dan de alta me llamas y vengo por ti, le dije.

En la mañana me llama temprano y me dice, ¡he tenido un sueño con Pedro que todavía estoy asustada! Me dice, soñé que estaba en un sitio bien hermoso-bonito. Todo se miraba-veía verde, un verde bien hermoso-bello. Era un zacate-grama que me llegaba hasta las rodillas. De pronto veo a Pedro que viene corriendo con los brazos estirados-extendidos hacia mí y me dice, ¡vengo por ti! ¡Aquí está bien bonito, vente! ¡Me asusté! Empecé a gritar ¡no!, ¡no!, ¡no! y desperté gritando. El cuarto se llenó de enfermeras asustadas tratando de calmarme y yo seguía gritando. Me dio como un ataque de nervios… ¡Espérame, espérame!, le digo, ¡no me dijiste que te querías ir con él? Vino por ti, ¿y ahora qué? ¡¡Mentirosa!! Me empecé a reír y me dice, sí, yo me quiero ir con él, pero ¡con una fregada todavía no! Nos empezamos a reír. Ay, que embustera, tú no te quieres morir ná', le dije.

Días después que salió del hospital, todo volvió a la normalidad. Un domingo la llamé, no me contestó, pensé que había salido con su hijo. En la noche la volví a llamar. Me contestò. ¿Dónde andabas, patilarga?, le dije. ¡Oh!, fui a ver a Pedro, me respondió. ¿Qué? Bueno, he empezado a ir al cementerio los domingos, me llevo una silla y me siento allí a platicarle-hablarle. Ay, Sussy, los muertos ya no tiran peos, chica. Ay, Nydia no digas eso, me dice y se ríe. Le pregunté, ¿y qué harías si te contesta? Con una chingada me voy a correr o me muero allí del miedo. Y nos empezamos a reír. Estás más loca que el rabo de una yegua, chica, le digo. El cuerpo de él está ahí, su espíritu está con Dios que lo dio. Él no te oye. No sé cuándo dejo de ir a "ver" a Pedro. No me dijo-comento nada más.

Siguió la vida sin él, seguimos con la iglesia, bodas, divorcios, entierros y la risa como quiera no cesó.

MALENTENDIDOS

Un día me llama para decirme que nuestra amiga ya se había aliviado-tenido su bebe. Le pregunto, ¿y qué tuvo? Se queda como pensando y me dice, ay, no sé, se me olvidó preguntar, tiene que haber sido un niño o una niña. Me empiezo a reír y le digo, ¡Sussy, ojalá que haya sido así, porque si no va a salir en la página de Cheo! ¿De quién?, me pregunta. Oh, eso es un dicho puertorriqueño. En otras palabras, va a salir en el periódico-papel. ¡Ay que sonsa-burra soy! La risa no pudo faltar.

Otro día la llamo para preguntarle por qué no me había dicho que la señora Lira se había muerto. Empezó a llorar, casi gritando, porque ella no lo sabía. Eran muy buenas amigas. Horita-al rato te llamo, me dice. Sí, llama a las hijas, porque la entierran hoy, le digo. Engancho y como a los quince minutos, me llama y me dice, ¡ay, Nydia por poco y me muero del susto! Llamé a la señora Lira y me contestó ella. No podía dejar de llorar y ella se asustó también, creyendo que había pasado algo en mi casa. Le digo a Sussy que Enrique me había dicho. Yo no estaba en la casa y Enrique contestó el teléfono. Enrique estaba oyendo la conversación y me dice, no fue la amiga de Sussy, fue la señora de la iglesia a la que tú ibas. ¡Oh no! ¡Y la enterraron hoy! ¡No fui al entierro! Lo que pasó fue que a la señora de la iglesia yo le decía hermana Lira y Sussy a su amiga le decía señora Lira. Enrique no sabía eso. Ay, pues no te preocupes, va a durar muchos años, le dije. Fuimos a visitarla para disculparme, y todo paro en risa.

OPERACION DE SUSSY

Las rodillas de ella ya no la aguantaban y decidió operárselas. Estaba muy preocupada porque no iba a tener quien la cuidara en la casa. Yo iba a verla todos los días al hospital. Todos trabajaban. Ella estaba criando dos nietos, ellos estaban en la escuela y el papá de ellos, su hijo, trabajaba. Cuando salió del hospital, nos íbamos David, mi hijo, y yo desde la mañana hasta que salían los nietos de la escuela. Le hacía desayuno o le llevaba. Comíamos, me acostaba con ella un rato en la cama, platicábamos-hablábamos. David se ponía a ver TV, me ayudaba con la basura o a barrer el piso. Les dejaba cena-comida lista para que comieran su hijo y sus dos nietos y ella. Para mí fue un honor poder ayudar a mi hermana del alma. Después que se acabaron las terapias, por el seguro, yo se las daba. Hasta que se recuperó, para la gloria y honra de nuestro Señor Jesucristo. Eso nos unió más, como familia. Ella me decía que era como la hija que no tuvo. Ay, ¡¡contra, me tuviste a los diez años!!, le decía.

Y nos reíamos.

LA PISTOLA Y EL PERRO

Después que se recuperó, empecé a vender un producto de cocina, una de las muchas cosas que he vendido. Sussy me ayudaba mucho, recomendándome sus amigas y familia. Iba conmigo a las demostraciones. Hizo varias demostraciones en su casa.

Fuimos a la casa de una "amiga" que ella estaba segura que me iba a comprar varias ollas. Ya era después de mediodía, llegamos, yo le digo, ve a ver si está ahí. Yo te espero aquí y así no tengo que sacar la mercancía, si no está.

Se fue, espere un ratito, y la veo que viene corriendo para el carro, abre la puerta y me dice, ¡vámonos!, ¡vámonos! Le doy al carro. ¿Qué pasó?, ¿qué pasó?, chica, le pregunto. Empieza a reírse y no podía decirme. El barrio era un poco peligroso, aunque ella decía que no. Lo que pasó fue que la amiga estaba todavía durmiendo a esas horas y cuando abrió la puerta empezó a decir maldiciones-malas palabras, y tenía una pistola en la mano. ¡Y patitas pa' que son!, después se disculpó la amiga, diciendo que la estaban molestando, tocándole la puerta, venía y no había nadie... Le dije, bórrame a esa amiga tuya, no la quiero de clienta. Amigas como esas no necesitas enemigos, un día de estos te mata.

Como dos semanas después, fuimos a ver otra amiga que me recomendó. Llegamos y lo mismo, la mandé otra vez a ver si nos podía recibir. Me estacioné como a dos casas de la amiga. Cuando volteo la veo que viene corriendo como si estuviera en las olimpiadas y un perro detrás de ella, ladrando. Les tenía terror a los perros. Abre la puerta y brinca pa' dentro del carro. ¡Más rápido que ligero! Esa fue otra risa, que hasta ahora que estoy escribiendo me río. Parece que la veo corriendo. Estaba un poco gordita. Gracias a Dios ya tenía buenas rodillas.

EL MANTEL

Teníamos una demostración y reunión en un hotel que rentó mi amiga Minie, mi supervisora. Necesitábamos un mantel para la mesa donde íbamos a poner la mercancía y me acordé que

Sussy tenía uno bien bonito en la mesa del comedor; se lo pedí prestado. Ella tenía que salir y no podía ir. Le dije que iba a ir antes de que se fuera. El tiempo me ganó y cuando llegué a la casa ya se había ido. Toqué y toqué la puerta y nada. La llamé, Susanaaaa, ¿estás aquí? Pensé que estaba en su cuarto. Ella nunca trancaba sus puertas con llave. Cerraba y se iba. Como no me contestó, entré y le quité el mantel a la mesa y me fui. Terminamos tarde la demostración, pensé llevarle el mantel al otro día. Ya me iba a acostar cuando me llama y me dice, Nydia, alguien se metió a la casa, me revolcó los cajones-gavetas, me tiro todo al piso... ¡Ay, Sussy, tú siempre dejando la casa desatrancada!, ¿y se llevaron algo? No, fíjate que no, me dice. Pero hay algo extraño, no se llevaron nada, solamente el mantel de la mesa, quién sabe para qué, estaba "rompido". Roto Sussy, le digo. ¡Ay, Susana!, ¡yo me llevé el mantel! ¿No te recuerdas que te lo pedí prestado? ¡Oh!, sí. Nos reímos en cantidad. Le dije, yo llegué a tu casa, como no me respondiste, entré y me llevé el mantel, ¡pero yo no te revolqué los cajones-gavetas! Sí, Nydia, yo sé que tú no harías eso, me dice.

Tratando de interpretar el misterio, llegamos a esta conclusión: alguien estaba dentro de la casa, cuando yo llegué, la llamé, como no me contestó, entré por la puerta de la cocina, me detuve un poco y la llamé otra vez, el que estaba allí, salió por la puerta de la sala cuando me oyó. No le di tiempo de robar. Le dije que jamás entraba a la casa de ella, sino estaba allí. ¡Qué tal si no te hubiera llamado y encuentro a esa persona robando y me mata!, le dije. ¡Tranca con llave cuando te vayas!, chica. No me hizo caso, nunca le echó llave a la casa. Le dije, ¡un día de estos te van a venir matando! Solamente se reía.

MÁS TIROS

Veníamos Sussy, Delia y yo de una demostración. Fuimos a dejarla a su casa. Nos invitó a tomar café, eran como las nueve de la noche, aceptamos. Dice Delia, no por mucho tiempo, porque este barrio es un poco peligroso. Delia nació y se crio en Corpus Christi. Sussy le dice, aquí no, yo tengo viviendo añales-muchos años aquí, nunca hemos tenido ningún problema. Nydia viene aquí y se va algunas veces a medianoche. Eso era cuando íbamos alguna quinceañera, boda, o alguna actividad del club.

De pronto se oyen unos tiros detrás de la casa. Los hijos de Susana estaban detrás de la casa con algunos amigos. Delia y yo soltamos la taza de café y nos fuimos corriendo para la sala, por si acaso teníamos que salir corriendo. Ella sale corriendo por la puerta de la cocina llamando a sus hijos. No pasó nada, ¡quién sabe de donde salieron esos tiros!, quizá eran para Delia, por hablar mal del barrio. Los muchachos estaban bien. Susana entra buscándonos. Estábamos asustadas y le dice Delia, ¿qué pasó?, ¡cómo que aquí no pasa nada! ¡Vámonos! ¡Vámonos, Nydia!, ¡antes de que nos maten! ¿A dónde te fuiste?, le preguntamos. Yo pensé en mis hijos y fui a ver si la cosa era con ellos, nos dice. No, no, vengan a terminar el café, nos dice riéndose. Era la primera vez que yo oía tiros o algún disturbio en el vecindario, aparte de la pistola de la vecina. A lo mejor fue ella.

EL BAILE

Fuimos a una quinceañera, Sussy, Niki, Modesto, Beatriz,

Enrique y yo. Había gente en cantidad. La música estaba muy alegre. Nosotras bailando con Modesto y Enrique, Beatriz no baila mucho. Había un grupo de jóvenes que notamos que no sacaban a nadie a bailar. Nos fuimos Niki y yo a bailar con Enrique y Modesto, cuando vemos a Sussy bailando con uno de los jóvenes. Bailó varias veces con él. En el último baile que bailó, regresó a la mesa riéndose. Cuando ella se reía hacía reír a uno sin saber de qué se reía. Nos cuenta, que ella le preguntó, de dónde eran, le dijeron de México. Habían venido con un grupo grande y uno de los muchachos se murió. Estaban muy tristes porque el amigo lo tenían en hielo. Tenían que esperar varios días para poderlo mandar a México. Ella les dijo, ustedes no se ven muy tristes. Sí, estamos tristes, salimos a dar la vuelta, pasamos por aquí, oímos la música, teníamos hambre, en la puerta no había nadie y entramos, le dicen. Y como decía Delia, se fueron bien bailados, bien comidos y bien "tristes". Barriga llena corazón contento.

EL VECINDARIO

Algunas veces salíamos a caminar por el vecindario. Nos parábamos a platicar-hablar con alguna persona. Ese día la conversación fue que no se podía caminar en la banqueta-acera, por lo fea-mal que estaba. Estaba toda "rompida"; rota, le decía yo a Sussy. Oh, sí, me decía. Un día de estos me voy a caer y ya verán lo que va a pasar, decía.

Un día me llama y me dice, llamé a la "suidad"-ciudad para preguntar cuándo iban a arreglar la banqueta-acera, que estaban todas "rompidas"-rotas, —siempre la corregía, pero no me hacía caso; eso era tex-mex—. Me dijeron que los dueños de las casas tienen que pagar una parte y ellos otra. Me peleé-discutí con ellos y me dijeron que así era, que recogiera firmas de los dueños de las casas. Si todos estaban de acuerdo, las arreglaban.

La doña se fue, habló con los dueños de las casas, algunos no querían, los estuvo fregando-molestando, hasta que accedieron. Su nieta mandó los papeles a la dirección que le dieron y pasó y pasó el tiempo y nada. Siempre me estuvo dando los pormenores de su nueva aventura. Me dice, los empecé a llamar y sequía fregándolos, ellos diciéndome que lo tenían que llevar a otras personas encargadas de ese departamento. Les dije, ¿y cuándo chingao lo van a hacer? ¡Ya estoy cansada de llamar y que ustedes me digan lo mismo! ¡¡Sussy!! ¿Tú le dijiste eso?, le pregunté. ¡Si, así mismo le dije!

Estuvo fregándole-molestándolos y chin, hasta que las hicieron. ¡¡Esa es mi Sussy!!

Nuestras historias siguieron todos esos largos años. Creo que tendría que escribir más libros para contar tan larga vivencia. Como me he tardado tanto, ya el tiempo me ganó y se esfumaron. Entran en la historia más amigas y yo. Entonces sí que nuestra historia siguió, el tiempo pasó y como digo yo: no pasó, voló.

Entra otra etapa en mi vida. Entra...

NIKI

Conocí a Niki en el 1975, cuando me reencontré con mi tía Olga, mi prima Olguita y mis primos Diego y Laura, su esposa. Laura es hermana de Niki. Diego y yo nos encontramos en el banco, nos reconoció por las cejas de Ruthy mi hermana, que me estaba visitando. Me dijo Diego, que cuando nos vio, él pensó, ¡esas cejas son de casa! ¡Y la otra es Nydia! Ruthy no se sacaba las cejas, estaba yendo a una Iglesia Pentecostal, donde no creían que las mujeres se sacarán las cejas. Las cejas de nosotros son dos cejas en una. ¡Yo en el primer chance me las saqué! Él iba llegando al banco, nosotras de salida.

Se regresó y nos preguntó cuál era nuestro apellido. Le dije, y él le dice a Ruthy, tú eres Ruthy y tú Nydia, soy tu primo Diego. Nos dimos tremendo abrazo y los besos ni se diga. Los tres a la vez. La gente que iba entrando al banco volteaba a vernos.

No lo reconocimos porque él se crio en New York e iban a Puerto Rico de vacaciones o se quedaban un tiempo y se regresaban. Esperamos que él hiciera lo que iba a hacer en el banco. Nos preguntó si queríamos ir a ver a mi tía. Lo seguimos para la casa donde vivía su mamá, su hermana y la familia de Niki. En la misma calle. Enseguida tía Olga, como buena puertorriqueña, sacó un pollo y nos invitó a almorzar-comer. Cuando terminamos nos dice, nunca imaginé que iba a preparar este pollo para las hijas de Titi. Mamá era cuñada de ella; se querían mucho. El resto es historia. Diego sabía que yo vivía en Texas y creía que vivía en Sanantón. Me lo dijo al estilo "nuyorican", que no lo entendí. Cuando le pregunté a Enrique qué dónde quedaba ese sitio, me dijo eso es San Antonio. Oh, ok.

Ahí empezó mi nueva etapa con mis puertorriqueños que tanto añoraba, especialmente mi familia, sin dejar a mis amigas tejanas y mejicanas. Gracias Sussy. Lo menos que imaginaba es que mi familia iba a estar conmigo en el Club Borinquen, pues no sabía que vivían en Corpus Christi, no muy lejos de mi casa. Los introduje al Club Borinquen.

Entre Niki y yo se formó un lazo de amistad que nunca se rompió. Llegamos a ser como hermanas de sangre, hermanas en Cristo y confidentes. Fue algo así como la amistad del Rey David y Jonathan. Amigas por siempre.

En esa amistad de treinta y ocho largos años tuvimos muchas historias, anécdotas, que quisiera plasmar en este libro. Niki y yo teníamos esa idea, nunca se materializó.

Por esa amistad que perduró tantos años, y que siempre

íbamos a escribir, y el tiempo nos ganó… Sin olvidar mis primeras amigas, que no las olvidaré jamás.

A los 38 años de amistad y después de muchas "aventuras", ideas y locuras, mi amiga del alma, el 25 de diciembre de 2012, pasó a mejor vida.

Cuando recibí esa noticia, ya me había mudado, el primero de enero de 2012, para San Antonio. Me sentí muy triste de no haber estado allí con ella; ya estábamos de acuerdo que yo la iba a cuidar. Aunque me pasaba entre Corpus Christi y San Antonio, me quedé con ella varias semanas, para limpiar el clóset, que nunca limpiamos. Después hablaré del clóset. Ella estuvo consciente de todo a su alrededor hasta lo último.

Sentí un vacío, un silencio, casi sepulcral, como un abismo, al pensar que ya no oiría su voz. Todos los días hablábamos, y siempre había algo que nos teníamos que decir y reírnos. Pero así es la vida: Acabamos nuestros años como un pensamiento... Porque pronto pasan y volamos. Todos tenemos que pasar por este proceso. Lo mejor de todo es volar con el Señor Jesucristo.

Espero verte algún día, querida hermana para seguir riéndonos y pasearnos por las calles de oro y el mar de cristal. Y conocer a esos dos grandes amigos, David y Jonathan. Diles que les mando saludos.

Bueno, creía que ya no oiría su voz. Como cuatro semanas después de su entierro, llamé a Raúl, su esposo, para saber cómo estaba y contestó la máquina de mensajes. ¡¡¡Me contestó NIKI!!!, Raúl no estaba en la casa; no sé por qué me sobresalté y enganché. Empecé a llorar. Ya no llamé más.

Como Niki no guiaba y era ciega legal y veía como Mr. Magoo, yo me convertí en su chofer y sus ojos. La bautice Mrs. Magoo. Ahora era chofer de Sussy y Niki.

Casi siempre nos reuníamos en la casa de mis primos, Diego y Laura. Laura no salía con nosotros porque cuidaba niños. Empezamos nuestras locuras como cinco años después de conocernos.

Antes de empezar nuestras locuras, Niki jugaba golf con las esposas de los hermanos y amigos de Raúl, su esposo. Varias veces fueron a México, California y a otros estados. Dejó de jugar golf porque ya no podía ver la bolita, como decía ella. Empezó a jugar bonko y a bolear. Fui varias veces a verla bolear. Ella quería que boleara con ellas, pero eso no me entretenía. Ni la bola grande ni la chiquita y menos el bonko. Solamente he boleado una sola vez en mi vida, cuando iba a rodar la bola, se me zafó de las manos, voló hacia arriba y por poco me cae en la cabeza. No quise jugar más. Los que estaban allí se rieron en cantidad. Eso fue en la Base de la Guarda Costera en Puerto Rico. Con la llegada de mis niños, como decían mis amigas, nos apaciguamos-calmamos un poco; palabra tex-mex. Niki me llevaba quince años. Sus hijos ya estaban grandes. Dos fuera de su casa y dos con ella, adultos. Mis hijos en la escuela.

Aquí voy a plasmar todos esos bellos recuerdos que acumulamos al vivir esa amistad tan larga y bella.

Éramos las dos puertorriqueñas, ella nació en New York, de padres puertorriqueños. Yo, en Puerto Rico. Ella fue a Puerto Rico una sola vez, yo a New York una sola vez, por dos horas. Niki hablaba inglés perfecto, español "mata'o", yo hablo español perfecto; aunque dicen los tex-mex y mis amigas mexicanas que no tan perfecto, pues tengo acento "pueltorriqueño". El inglés medio "mata'o", bueno no tan "mata'o". Se crio católica, yo evangélica. Se le subía la bilirrubina, a mí también. Niki fumaba, yo no. En la repartición de nalgas a ella le dieron las mías y las de ella, yo me quede sin ná'. Decía que yo tenía un cuerpo extraño (*odd shape body*), en otras palabras, un cuerpo feo. Ella tenía las piernas flacas yo también. En eso llegamos tarde a la repartición y por poco no nos dan patas, así le decía yo. Ella me decía, a ti te darían patas a mí me dieron piernas. Dos palitos nos dieron, ja ja. Niki les tenía terror a las cucarachas, yo a los insectos que les gusta la luz al frente de la casa en la noche. A Niki le encantaban los vegetales, a mí no. Comía bien despacio, yo rápido. Oía música en inglés, yo en español, hasta que la introduje a los himnos y coritos en español. Mejoró su español. Era veterana; fuerza aérea, yo no, ni tan siquiera niña escucha fui. ¡Oh!, fui la presidenta del club 4H en mi escuela. Tenía una destreza para hacer lo que fuera, yo necesito patrón. Sabía cantar, yo no, dicho por ella. Yo me acoplo y no canto tan mal, digo yo.

Cuando llegó a Texas nunca había visto una vaca, ni una gallina. Me dijo que la mamá la mandaba a comprarlas a la bodega, ella la pedía, se iban para la parte de atrás y se la daban en una bolsa y venía ya muerta, pelada, y limpia por dentro y se sentía bien calientita. Cuando vio una gallina se asustó.

A Raúl, su esposo, le gusta pescar. Un día que fueron a pescar, él le pide que le traiga un camarón para ponerlo de carnada. ¡Cuando abre, donde Raúl los tenía se dio el susto de la vaca! y le gritó con una palabrita al estilo *nuyorican* y por poco le bota-tira los camarones. Raúl trata de explicarle, que son camarones, ella le decía, esos no son camarones porque mi papá nos cocinaba camarones y no eran así. Raúl le dice, no te los daba así, porque los tienes que limpiar antes de comerlos. Jamás comió camarones, porque eran muy feos. ¡A mí me encantan! Siempre le ofrecía y me decía, yo no como eso ni muerta. Te comiste los de tu papá y te gustaban, le decía. Una era, que yo nunca los vi tan feos que son y otra que nos teníamos que comer lo que nos dieran, sino la correa-faja estaba muy cerquita de nosotros. A ella le gustaban los camarones, hasta que vio uno.

Qué bueno que los vi después que me fui de la casa, porque si no me hubieran metido la pela del año, me dijo. A mí no me gusta el aguacate ni los tomates, ella no podía entender por qué no, especialmente el tomate, porque me encanta el jugo de tomate. Gracias a Dios, en casa si no queríamos comer, solamente, no comíamos y mamá nos daba otra cosa. O nos comíamos lo que nos gustaba del plato.

CLUB BORINQUEN

Fuimos muy activas en el Club Borinquen. Participábamos en la comunidad teniendo actividades para ayudar con donaciones a algunas organizaciones de no lucro. El Club Borinquen se hizo conocer en Corpus Christi. Niki fue presidenta por dos años. Yo fui presidenta y tesorera y fundadora del Club Borinquen.

Por varios años participamos en el Bay-Fest y Folk Festival en la casa Galván. No es que me la quiera echar, como decimos los puertorriqueños, pero siempre vendíamos todo. Tostones, pudin, arroz con dulce, pastelillos, etc., quizá por ser comida nueva en Corpus Christi. Vendíamos las muñecas bendecidas y ángeles que hacía Niki. Algunas personas del club hacían varias cosas y las vendían también.

En el primer evento que nos invitaron a participar, el arroz con dulce, que lo hice yo, se estaba vendiendo como pan caliente. El inspector de salud nos estaba dando el último chequeo, cuando viene esta señora anglo y le dice a Niki, ¿qué es esto negro que se ve aquí?, Niki. Ella lo ve al estilo de Mrs. Magoo, como le decía yo, y le dice, ¡Oh!, son pasas. A lo que ella le dice, pero tienen patitas. Cuando yo oigo eso, Niki me mira, le quita el arroz con dulce a la señora y le dice, Oh, may, déjeme devolverle su dinero. Ella le dice, ¡no, dame otro; está riquísimo! Yo pensé, aquí nos cierran el chinchorro. El inspector nos dice, déjenme verlo. Se lo dimos y dice oh, es una hormiga de las grandes —nosotros les decimos una hormiga culona—. Familia de Niki. No se preocupen, esto pasa hasta en los mejores restaurantes, me lo voy a llevar para mi próxima clase.

Niki hacía los adornos del quiosco en papel y cartón: palmas, hamacas, flores..., dependiendo como querían que adornáramos. Tenía un talento tremendo. Hablare más del Club Borinquen, en el trayecto del libro.

Cuando Niki dejó de fumar, se volvió un estuche de monerías, como le decía yo. Todo lo que pasaba por sus manos era precioso al final. Le salieron muchos talentos. ¡¡Tremenda!!

Cuando dejó de fumar, simplemente no fumó más, cargó sus cigarrillos-cigarros como dos semanas en el bolsillo del pantalón-calzón, hasta que los botó. Yo ni cuenta me di que había dejado de fumar. Me dijo que ella le pidió a Dios que la ayudara, pues ella sola no podía hacerlo. Había tratado muchas veces. Fumó desde los 18 años. Cuando entró al militar me dijo que cada vez que sacaba un cigarrillo, los hombres que estaban al lado de ella prendían los fósforos para ella. El Señor le quitó el deseo de fumar. ¡Qué bueno porque ya yo no aguantaba esa peste a cigarrillos! En mi carro no podía fumar, pero siempre traía el olor a cigarrillos-cigarro. Cuando los visitaba, Enrique sabía que había ido a la casa de mis primos, todos fumaban. Y salía de allí impregnada de humo.

LAS PRIMERAS IDEAS

Antes de conocernos, Niki había tomado un curso de arreglos de flores, yo había tomado uno de decoración de bizcochos-pasteles y otro de arreglos de flores, pero no me gustó. Siempre había pensado tener mi propio negocio, practicaba con mis amigas y les hacía los bizcochos-pasteles-queques gratis. Un día le digo a Niki, tengo una idea. Me mira rara y me dice, ¿idea?, ¿de qué? Y ahí empezaron mis ideas. ¿Te gustaría empezar un negocio conmigo?, podemos ir a medias. Yo estoy haciendo bizcochos-pasteles de cumpleaños, graduaciones, etc. para mis amigas, y no les cobro. Se acabó el cachete-gratis, les voy a cobrar.

Hicimos el primer bizcocho. Niki buscó el primer cliente, y a ella le pagaron. Viene y me dice, me pagaron y me voy a quedar con el dinero, cuando hagamos el otro, el dinero es tuyo. ¡¡¡Qué, qué!!! ¡Yo puse todo el dinero para el bizcocho!, pensé yo. Me quedé, como dicen los cubanos, patidifusa. Le dije, tenemos que hablar, esta es la forma que vamos a trabajar. Ya sea que tú compres los ingredientes que necesitamos o yo, después de sacar los gastos, o sea la que compre todo saca lo que gastó y lo que sobre, entonces lo dividimos entre las dos. Me dio pena pedirle mi parte, porque a lo mejor lo necesitaba más que yo, nunca me ofreció dármelo.

Hicimos un solo bizcocho, porque mis "amigas" no me ordenaron más, ¡especialmente Sussy! cuando les dije que empecé mi negocio e iba a empezar a cobrar. Sussy me pedía que le hiciera un bizcocho-pastel cada rato gratis, ¿por qué no? Fin del primer negocio. Y de los bizcochos gratis. Creo que me desanimé un poco. No tratamos de buscar más clientes. Nunca me dio mi parte del dinero. Tampoco se lo pedí, quizá lo necesitaba más que yo.

Las ideas siguieron. Y el tiempo que no perdona siguió su rumbo.

Niki, siempre estaba dispuesta a seguirme la corriente. Cuando Carol tenía cuatro años y Henry uno, fuimos a desayunar a McDonald's con dos amigas, Judi y Millie. Millie tenía una nena de la edad de Carol; era su amiguita. Todo iba bien, no había mucha gente. Nos sentamos cerca del baño. Primeramente, a la nena de Millie se le cayeron las papas al piso y a Carol se le cayó el refresco. La llevé al baño. Le encargo a Niki a Henry, estaba sentado en una silla de bebé que no tenía la banda que tienen las sillitas en el medio y se resbalaba un poco. Termino con Carol, abro la puerta y oigo a las muchachas que dicen, ¡ay se cae el nene! Veo que Niki lo coge en el aire. Les digo, qué bonito, no sirven para niñeras. Ellas no hallaban que decirme, después de reírnos, dice Niki, vámonos porque tenemos que ir a otros sitios. Nos fuimos y nos dimos cuenta de que no habíamos recogido el reguero que las nenas hicieron. Niki dice, la que vaya a limpiar dirá, mira el reguero que estas mejicanas hicieron aquí y no nos van a echar la culpa a nosotras porque somos puertorriqueñas. La risa no pudo faltar.

Estamos en esta tienda y vemos unas caras de muñecas como las Cabbage Patch y de payasos. Nos miramos y le digo a Niki, tengo una idea, con estas caritas, les hacemos el cuerpo y las vendemos, ¿qué crees? Tú vendes las tuyas y yo las mías. Las compramos todas, estaban baratísimas. Fuimos y compramos telas, adornos, todo lo que necesitábamos, más lo que tenía en la casa, a mí me gusta coser. Le enseñé cómo hacer el cuerpo de las muñecas. Nos pusimos a coser en la casa de ella y vendimos casi todas las muñecas y payasos. Raúl, su esposo, vendió algunas en el trabajo. Yo vendí las mías, pero le hice unas a mis nenas para Navidad, era la novedad de Cabbage Patch y no se encontraban, les escribí en la parte de atrás Mrs. Santa Claus y ellas estaban encantadas porque ¡¡Mrs. Santa Claus las había hecho y firmado!! Se las puse en unas cunitas de paja que compre en Méjico y las decore bien bonitas.

A Niki le encantaban los ángeles; empezó a hacer unos ángeles que le quedaban preciosos. Les hacía los vestidos sin patrón.

Un día, Beatriz, amiga de nosotros le dijo que si le hacia un vestido a la nietecita de ella igual que el del ángel que le compró. Niki le dice, sí, pero me tienes que traer la nena, para pegárselo, porque yo no los coso, le pego el vestido con pega-pegadura. No tengo máquina de coser. Nydia es la que tiene y ella sin patrón no cose. ¡Hasta yo creía que los cosía a mano! Le quedaban preciosos.

LA NAVIDAD

En Navidad nos poníamos un poco tristes, melancólicas por estar sin nuestras familias. Aunque teníamos a nuestros hijos, nuestros esposos, los familiares de nuestros esposos, el Club, eso nos hacía felices también, pero siempre sentíamos como que faltaba algo. Niki me decía que ella en Navidad siempre se sentía triste, ella no podía entender esa tristeza. Pensándolo ahora, sería que mentalmente sabía que se iba a morir el día de Navidad. ¡¡Qué sé yo!! Yo preferiría ir en el verano a Puerto Rico, porque me quedaba tres meses. En Navidad me tenía que regresar más pronto. A los 25 años de vivir en Texas, fui a pasar mi primera Navidad a Puerto Rico, con mi hermana Abigail, que vivía en New Jersey.

Había visto en su casa que para Navidad Niki ponía una ciudad de la Navidad preciosa, apagábamos las luces, cerrábamos las cortinas y prendíamos las luces del city-ciudad, como le decíamos; nos sentíamos como si estuviéramos adentro de la ciudad. Ella decía que parecía que estaba en New York, le ponía nieve de mentira. Hacía como una plaza para patinar. En el medio le ponía unas figuras eléctricas que patinaban con música.

Le digo, Niki tengo una idea. Ok, ¿cuál es la idea? Bueno, para no sentirnos tan tristes, he pensado empezar un *city* como el tuyo. Cada año le añadimos algo nuevo... *¡¡Wow!!* Nos volvimos locas comprando casitas, gente, árboles, animalitos, etc. La de ella era toda de porcelana cara. Yo compré casitas de porcelana y las personas, y otros adornos, de madera y porcelana no tan cara. Ella también añadió algunas de madera. Le añadimos tanto que yo le decía, tu city-ciudad ya no es un *city*, ¡¡es una metrópolis!! La mía es un city-ciudad grande. Ella llenaba tres mesas, algunas tablillas que le puso Raúl y unos libreros. Por años nos volvimos locas comprando. Íbamos de tienda en tienda, antes para comprar lo nuevo del año y después de la Navidad para los especiales. Discutíamos como locas. Ella me decía, mira qué lindo está esto y si a mí no me gustaba le decía, chica, eso esta feísimo. Ella me contestaba, a mí no me importa si te gusta o no, ¡lo voy a comprar! ¡Cómpralo! ¡A mí tampoco me importa! ¡Zángana!, ¿pa' qué me preguntas? Algunas veces llamábamos la atención de personas cerca de nosotros y nos decían, son buenas amigas, jum ¡Oh, sí, muy buenas! Algunas veces nos preguntaban que si teníamos un *city*. Les decíamos que sí, es nuestra terapia de la Navidad, les decíamos. Niki me regaló una ciudad completa estilo mexicano. Tenía las casitas ya y ella le había hecho personas, escobas, indios y muchas otras cosas.

Una de las cosas que me enervaban de ella, era cuando yo le decía algo para hacer entre las dos. Siempre me contestaba, ok, lo hacemos, a mí no me importa. Ah, bueno, si a ti no te importa, ¡a mí tampoco!, así es que no hacemos ná', ¡zángana! No, no, ¿dime qué es?, me decía. ¡Te voy a decir, pero no me vuelvas a decir que no te importa! Como quiera, siempre me lo decía y yo le decía lo mismo. Y lo hacíamos.

LA TIENDITA EN LA PULGA

Niki, ¡tengo una idea! ¿Cuál es la idea?, decía ella. Voy a abrir una tiendita en el flea market-pulga de cosas de cocina. ¿Me ayudas? Eso suena bien, si lo hacemos... A mí no me importa.... ¡La misma canción! Carol, mi hija, nos llevó a Houston, a una tienda que vendía al por mayor. En Corpus Christi buscábamos cosas de cocina en especial, también teníamos cosas de nosotros que ya no usábamos, y estaban en buenas condiciones. Niki compró lo de ella y yo lo mío. La decoramos bien bonita. La tienda se llamaba Qué Chévere. No duramos mucho, a la gente en Corpus Christi no le gusta cocinar, les gusta salir a comer a los restaurantes, como quiera, vendimos algo, pero no lo suficiente. Ahí fue donde nació el nombre de QUÉ CHÉVERE.

Mi sueño siempre había sido tener mi propio negocio. Desde que era una nena siempre estaba inventando “negocios”. Cuando empezaron a llegar los niños, empecé con “mis ideas”. Cuando conocí a Niki las ideas siguieron, y como Niki me hacía caso, caí en buena tierra. Los hijos de ella ya estaban grandes, los míos en la escuela. Le tratamos a muchas cosas. A todo le tirábamos y a nada le pegábamos, decíamos nosotras.

Mi esposo me dijo que me quedara en la casa con los niños y no me arrepiento. No quería que trabajara fuera de la casa. Me daba una rabia cuando me decían que yo no trabajaba, todo porque no trabajaba fuera de la casa. Empecé a vender Tupperware, ollas, vitaminas, joyería, cuidé niños. Cuando se fueron a la escuela, tuve algunos trabajos.

Trabajé con Anna, una puertorriqueña que conocí, en su restaurante de sándwiches, ¡amigas por siempre! Dejé de trabajar y no le dije a Enrique que ya no iba a trabajar más. Nunca me había llamado cuando estaba trabajando. Al día siguiente me llamó, contestó el marido de Anna y le dijo que ya yo no trabajaba ahí. Me llama Enrique a la casa y me pregunta si es verdad. Le digo sí, ya me cansé. Trabajé como dos años. ¡Él siempre decía *goodness gracious*! ¡Cuando me ibas a decir! ¡Ay se me olvido!

Trabajé en un nursing home-hogar de ancianos y duré un día, en el turno de la noche. Iba a salir en la madrugada. Como era mi primer día, esta muchacha me llevó con ella para enseñarme lo que tenía que hacer cada media hora. En el primer paciente, una viejita, solamente le levantó la sabana. Estaba acostada de lado. Yo le vi como una verruga en una nalga. Ay, tiene una verruga grande pobrecita. Me dice ella, no, eso es caca. ¿Por qué no la limpiamos?, le pregunté. Porque solamente los limpiamos cada hora, me dice. Cuando fuimos, me enseñó cómo limpiarla. Se envolvió un papel de inodoro en la mano y la limpió. Me dijo que fuera a checar a otra paciente y era una viejecita muy amable, quería que me quedara con ella a hablar-platicar. Hablé un poquito con ella, me enseñó los retratos que tenía en la pared de sus hijos, que no la visitaban. Quería saber si yo les podía hablar para que vinieran a verla. Me dio mucha pena. Hablamos un ratito. Cuando salí del cuarto, la muchacha que me estaba entrenando me preguntó por qué me tardé tanto. Le dije que la señora tenía deseos de hablar. Me dijo que no hiciera eso que solamente entrara hiciera lo que tenía que hacer y me saliera, especialmente con esa señora, porque a ella le gustaba pellizcar. La señora, como a las once de la noche, empezó a llamar a sus hijos. Me dieron tanta pena esos viejitos, también una viejita que gritó toda la noche. Cuando llegué a la casa, me acosté y me sentía tan triste; ese día tuve unas pesadillas horribles. Desperté un montón de veces y cuando me dormía seguía con las pesadillas. Llamé y renuncié. Le había comentado a una amiga que iba a empezar a trabajar en un centro de ancianos y me regalo siete uniformes que ella ya no usaba. Llamé a Niki y a Sussy y les dije que había dejado el trabajo. Niki me dijo, ¡ea rayo, tienes ahora más uniformes que días trabajados! Cuando le dije a Sussy lo que había dicho Niki, la risa no pudo faltar. Quizá sería que no tenía necesidad de trabajar. Niki ni Sussy tampoco trabajaban fuera de la casa. Sussy algunas veces limpiaba las casas de las amigas. Nuestra amistad siguió creciendo, quizá porque somos puertorriqueñas nos entendíamos mejor. Sin dejar mis amistades mejicanas y tejanas. Especialmente Sussy. Sussy nos acompañó en muchas de nuestras locuras. Ahora también era amiga de Niki.

ANÉCDOTAS DEL CLUB BORINQUEN

Siguió creciendo nuestra amistad y seguíamos inventando cosas.

En uno de los bailes que hicimos para Navidad en el Club Borinquen, estábamos cocinando la comida que íbamos a servir, en la casa de Milly, uno de los miembros y una de mis amigas que conocí antes del Club Borinquen. Éramos como 15 personas ayudando. Niki y yo fuimos a la tienda a traer algo. De regreso, cuando doblamos en la calle, vimos los bomberos, policías, ambulancia, vecinos viendo para la casa de mi amiga, ¡nos dimos el susto de la vaca! Me estacioné donde pude y corrimos hacia la casa, pues yo había dejado mis dos nenes con una amiga. Entramos como dos locas, gritando y buscando a los nenes, cuando los vi que estaban bien; me calmé, me contaron lo que pasó. Una de las ollas donde estaban cocinando como 4 pavos era muy grande y pesada, al peso de la comida, la estufa que no era de gas o comercial explotó como un ciquitraque (*firework*) y se prendió en llamas.

Una de las miembros se llevó la olla con la comida para terminar de cocinarla, no sé qué pasó con la carne. Cuando la empezè a calentar, ¡me di cuenta de que tenía espuma y olía mal! ¡Ea, rayo! ¡¿Qué pasó aquí?! ¡Nikiiiii... ven, mira esto!, le grité!

No sabíamos qué hacer. Niki y yo estábamos a cargo de la cocina y teníamos como cinco personas que iban a servir. Yo le dije a la persona que estaba sirviendo la otra carne que no sirviera mucho. Ella estaba tan nerviosa que no quería verles la cara a las personas, solamente se concentró en servir, todo salió bien, todos comieron, sin problemas.

Después que terminó todo, empezamos a comentar y darle gracias a Dios que todo salió bien y le dice Niki a la persona que sirvió la carne, ¡bajaste tanto la cabeza que yo creía que te ibas a meter debajo de la mesa! Nunca se nos olvidó ese baile.

JERRY

Ese día conocimos a nuestro querido Jerry, otro boricua. Apareció, se presentó, empezó a ayudarnos en la cocina como si nos conociera por largo tiempo. Ese mismo día había llegado a Corpus Christi con su familia. Venían de Chicago, pasaron por la calle donde iba a ser el baile, vio el letrero; según él, vino a conocernos. Hasta hoy en día perdura esa amistad tan linda que hemos tenido con Becky, su esposa, y sus hijas; él ya partió con el Señor. Ese día él venía listo con sus envases para llevarse lo que sobrara y empezó a poner en sus escudillas lo que sobró,

Niki y yo, que no se nos pasaba-escapaba nada, pensamos ¿y este qué tiene? No se llevó mucho, pues casi ni sobró. Y siempre trajo sus bowls-escudillas en cada fiesta, ayudaban tanto él como su esposa Becky. Siempre estaban listos para ayudarnos, ¡qué nos importaban los *bowls*! Nosotros también empezamos a llevar los de nosotros. Como Jerry, Becky, Sussy, Abby, mi hermana y Niki, no hay dos, rompieron el molde cuando los hicieron.

LA VEDETTE

Nos enteramos de que una vedette de Puerto Rico venía a dar un espectáculo. Teníamos un puertorriqueño tremendo, él, no sé cómo se las ingenió, consiguió el permiso para darle un homenaje a la vedette un día antes de presentarse en el centro de convenciones, hoy Selena Auditorio. Le teníamos tremenda fiesta y mandamos a nuestro puertorriqueño y su séquito con un arreglo de flores precioso al aeropuerto. La doña con sus bailarines nunca llegaron. Tuvieron problemas con su avión y no llegaron hasta el día siguiente. Nosotros, como quiera, celebramos la fiesta por ellos y gozamos en cantidad.

Teníamos tiques para el espectáculo. Mientras esperábamos que empezara el espectáculo, estábamos comentando lo de la noche anterior y alguien preguntó, ¿quién llevó el bizcocho-pastel anoche? Yo, le contesté, ¡estaba riquísimo! ¿De qué sabor era?, me pregunta. Mantequilla, le digo. Ella me dice, ¿y usaste mantequilla mantequilla? No, Parkey. A lo que alguien dice, ¡ea rayo!, ¡ya hicieron un comercial antes de empezar el espectáculo! Había un anuncio en la televisión que decían exactamente como nuestra conversación. Enseguida empezó el espectáculo y la risa. Después del espectáculo fuimos a conocerlos, nos tomamos retratos con ellos, le dijimos de la fiesta que le teníamos. Lo pasamos muy bien y fueron muy corteses y bien chéveres y cariñosos.

Vino otro cantante puertorriqueño, pero no pudimos hacer contacto con los del espectáculo. Sabía que había un grupo de puertorriqueños, pero no quiso hablar con nosotros. Se dio cuenta que no había muchas personas. Es ciego e hizo un comentario no muy bueno. No fue culpa de nosotros, el que lo trajo no hizo mucha propaganda. El club no fue el que lo patrocinó. Tampoco a la vedette. Pero ella y sus bailarines nos recibieron como si nos hubieran conocido. Había gente en cantidad.

Tuvimos muchas actividades, como el mes de la Hispanidad, donde participaban personas de otros países con sus bailes folclóricos. Homenajes a las madres, padres, etc. Las reuniones en las casas no podían faltar.

EL ÁRBOL DE AGUACATE

Uno de los miembros, que era marino mercante, cada vez que llegaba a Corpus Christi me llamaba para dejarme saber que ya había llegado. Yo era la presidenta del club. Casi siempre era en mi casa, la comida no podía faltar. Cada miembro traía un plato, y se formaba la fiesta. En uno de sus viajes, el barco ancló en Puerto Rico. Cuando llegó a Corpus Christi, me trajo un arbolito de aguacate. Tenía como más de un pie de alto, las hojitas se veían bien verdecitas. Me ayudó a sembrarlo. Todos los que estaban en la casa fuimos afuera, él nos dice que cuando lo sembró era solamente la semilla. Me dice, de este árbol quiero comer aguacates. Niki me da una mirada y me abre los ojos y dice, aja. El arbolito lo cuidé como dos o tres meses, quizá un poquito más; estaba bien bonito. Se me olvidó como la primera camisa, como decía mamá. Cuando regresa el amigo, la fiesta en mi casa, con muchos de los miembros. Después que comimos, él dice; ¡vamos a ver el árbol de aguacate! Abrí tremendos ojos, y pensé, ¡ea, rayo, se me olvidó echarle agua! No sabía qué decir, ya todos iban para el patio. El arbolito estaba al otro lado de la casa. Cuando dimos la vuelta, lo que quedaba del árbol era una varita seca. Él me mira y le dio un coraje puertorriqueño, y como me miró, yo creía que me iba a dar-pegar. Todos se quedaron callados, Niki me mira, mueve la cabeza. El amigo empieza a decirme, tanto que lo cuidé en el barco, me dijiste que lo ibas a cuidar, ¡y mira lo que queda! Ay, perdóname, pero yo no soy mucho de jardinería; se me olvidó echarle agua. No sé por qué se lo diste a Nydia, a ella todo se le muere, le dice Niki. Yo le di una mirada, que, si las miradas mataran, ahí mismo hubiera quedado muerta. Todos empezaron a reírse. ¡¿Y por qué no me dijeron?!, y dijo una mala palabra. Todos nos metimos para la casa y nadie dijo nada. Después, me llamó y se disculpó, yo también. Nunca se nos olvidó el palito-arbolito de aguacate. Después del bochorno-pena, nos reíamos. ¿Qué más podíamos hacer?

Niki nunca me perdonó eso, le dijo a Raúl, su esposo, que le encantan las matas, que no me diera jamás una. Como quiera, él me daba, y también, no sé por qué, se me morían, ji, ji, ji. ¡Quién sabe por qué!

DELIA

Conocí a Delia, en la primera Iglesia que fui, donde crie a mis hijos. Ella tenía un niño y estaba encinta. Yo tenía a Carol y Henry. Con el permiso del pastor, empezamos un grupo de oración en mi casa. Empezábamos a las diez de la mañana, todos los jueves. Las mujeres traían un plato de comida, para las doce, cuando terminábamos comíamos todas juntas. Algunas veces venía el pastor, y algunos varones de la iglesia. Si Enrique estaba cerca de la casa, venía a almorzar-comer con nosotros. La pasábamos de lo mejor. Algunas veces seguíamos con la conversación, las que teníamos niños en la escuela salíamos corriendo para recogerlos.

En el verano, Delia con sus dos niños y yo con mis seis, los llevábamos a clases de natación que la ciudad de Corpus Christi auspiciaba. Había que pagar, cincuenta centavos por cada niño. Tenía uno que estar listo, se llenaba pronto. Un verano corrimos todas las piscinas. Muchas veces llevábamos comida y comíamos en el parque. Los niños encantados. Llegaban todos dormidos a la casa.

Los llevábamos a la playa también. Un día que yo no tenía ganas de meterme a la playa, ni Delia tampoco, como la playa no era honda, les dijimos hasta donde podían ir. Carol ya estaba un poco grandecita.

Delia y yo nos sentamos en la arena, para no estar muy lejos de ellos. Entre plática y plática, yo empecé a contar uno, dos tres, cuatro, cinco, seis. Como a los cinco minutos, volvía a contar. Delia me dice, ¿qué te pasa que estás contando tanto?, no me estas poniendo atención. Oh, no, perdóname, es que estoy contando las cabezas de los nenes, para estar segura de que están todos juntos. Ay, ¿y por qué no cuentas los dos míos también?, me dice. Oh, ok, siete y ocho. Después de reírnos, nos metimos con ellos. No llevamos traje de baño y nos metimos con los pantalones cortos, según esto nos íbamos a mojar solo los pies. El agua estaba tan rica, que nos fuimos un poco adentro y nos sentamos, para que los nenes nadaran un poco.

A mí se me olvidó que me había echado la llave de la van en el bolsillo del pantalón. Cuando nos levantamos del agua, me acordé de la llave, ¡mama mía! ¡No la tenía! Ay, Delia, ¿y ahora qué hago? Vamos a ver si la encontramos, todos nos metimos a la playa y de rodillas empezamos a buscar.

Estuvimos más de media hora buscando, y nada. Empecé a orar en mi mente, pidiéndole a Jesús que me dejara encontrarlas. No sabía si teníamos una llave extra y estaban las de la casa también. Enrique en el trabajo.

Se me empezaron a salir las lágrimas y esta fue mi oración: Señor aquí voy a meter la mano otra vez y tú me las vas a poner en mis manos, en Cristo, Gracias. ¡Metí la mano y las encontré!

¡No las encontré, Jesús me las puso en la mano! Los nenes se pusieron bien contentos y empezaron a gritar. Delia me dice, eso fue un milagro. Le dije de mi oración, sí, Delia un milagro.

Ni Niki ni Sussy iban con nosotras, porque no les gustaba ir a la playa. Quizá porque ya no tenían niños pequeños. Como quiera, no cabían en la van y teníamos uno de más.

LA PIZZA DE BACALAO

Un día Jerry me pregunta si le limpio un bacalao, quería hacer bacalaítos, ¡embustero! El bacalao tiene un olor muy fuerte cuando esta sin cocinar. Es bien salado, algunas veces para sacarle la sal hay que hervirlo tres veces, poniendo agua fresca cada vez. Y la casa se llena de ese olor, le llamamos los puertorriqueños, otras personas le llaman peste. Becky, su esposa, "no sabía" como hacerlo. Yo creo que no quería esa peste en su casa; ella es tex-mex. Se lo preparo. Al otro día me llama para decirme que me querían llevar a comer pizza. Llego con mi familia y hay un buen grupo. Antes de ir a servirnos, viene un empleado con una pizza, me cantan feliz cumpleaños. No sé cómo Jerry lo hizo, hicieron tres pizzas de bacalao. El lugar estaba lleno y las pizzas olían a... ¡bacalao! Todos queríamos ver la pizza, la pasamos entre nosotros. Nunca habíamos visto una pizza de bacalao. Le pusieron una velita que trajo Niki, que cuando la prendías sonaba la canción de cumpleaños. Yo creo que la velita estaba más vieja que Niki, casi no se oía. Empezamos a pasar la pizza otra vez, y nos poníamos la pizza cerca del oído. Las personas que estaban cerca de nuestra mesa, con la risa que teníamos, nos veían como ¿de dónde salió esta gente? Una persona le pregunta a Jerry qué clase de pizza era, y porque olía así, que de dónde éramos y si lo que estábamos haciendo con la pizza era un ritual. Después de reírnos, Jerry le explicó que la velita cantaba la canción de cumpleaños y casi no se oía. Nunca habíamos visto una vela así y le ofreció un pedazo, después de decirle lo que era el bacalao. La persona le dice, no gracias. Me imagino por el olor delicioso para nosotros.

Nuestra amistad crecía y crecía. De amigas pasamos a ser hermanas, nos peleábamos, discutíamos, nos reíamos, llorábamos de risa, una cosa sí, no nos enojábamos por largo tiempo. En cuanto yo llegaba a la casa, o la llamaba, o me llamaba ella. Con cualquier otra conversación, ni mencionábamos por qué nos habíamos enojado. Algunas veces cuando me enojaba le decía, ¡cállate la boca, porque me dan ganas de meterte un puño! Oh sí, me respondía ella, como que yo me voy a dejar que me dé', ¡estás loca! ¡¡Te meto tres!! Y nos empezábamos a reír. Ella no hablaba mucho español y yo no hablaba mucho inglés. Decía unos disparates que me hacían reír. Ella decía que yo parecía una china hablando inglés; también se reía de mi inglés. Yo le decía que ella hablaba español como Tarzán, por molestarla, porque no lo hablaba tan mal. Ella no tuvo mucho problema con el "español tejano y mexicano", porque toda la familia de Raúl hablaba inglés.

Me llama una mañana para decirme que quiere que vaya a su casa para que vea el "conchón" que Raúl le compró. ¿Qué rayo es eso de "conchón"?, le pregunto. Ay, no me digas que no sabes lo que es un "conchón", es un *matress*. ¡Casi me rompe el tímpano! Canto de burra, se dice colchón, no "conchón" o matre. Como se llame, no me importa, ven a verlo, ¡zángana! Te espero para tomar café. ¡Bueno, ahí voy, a mí tampoco me importa! ¡¿Cómo que café "ná' má"?!, ¡quiero desayuno!, le digo. ¡Pues avanza!

Entre atender a nuestra familia, el club, la iglesia y nuestros "negocios", se fue pasando el tiempo.

Niki no iba a la iglesia y empezó a ir conmigo. Entonces fuimos hermanas en Cristo.

El Club Borinquen seguía creciendo, casi siempre nos reuníamos en mi casa, o en casa de Diego y Laura u otros miembros. En la casa de Millie hicimos un *luau* que nos quedó bien chévere. Y muchas reuniones también. Cada miembro traía algo de comer, empezábamos a bailar y, como buenos puertorriqueños, la fiesta se acababa a las dos o tres de la mañana. Si se acababa un poco temprano, algunos de nosotros nos íbamos para la casa de Diego y Laura, y seguía la fiesta.

Yo no permitía licor en mi casa, solamente a Becky, la esposa de Jerry. Ella traía escondida sus margaritas para ella, Niki y Carol. Gozábamos en cantidad. Algunas personas me dijeron que no podían creer que se podía gozar tanto sin licor.

Hubo un tiempo que tuvimos algunos miembros que tocaban instrumentos y gozábamos en cantidad haciendo coplas, cantando canciones jíbaras, empezábamos a aplaudir, a contar anécdotas de Puerto Rico. A cantar bombas. Yo siempre decía la mía, la única que sé: “A mí no me digan ná', que yo tenga setenta hermanos, soy tan buena a las patas, que nunca uso mis manos” ¡¡BOMBA!!, decían todos, y ahí otro salía con otra bomba. Lo pasábamos de maravilla.

EL DESAMPARADO

En una fiesta de Halloween que celebramos en el restaurante de Anna, todos teníamos disfraces. Niki y yo nos fuimos primero a arreglar todo. Empezó la fiesta. Enrique llegó un poco tarde; ya había llegado mucha gente con diferentes disfraces. Yo esperando a Enrique que llegara, y nada. De pronto yo veo que pasa una persona que parecía un desamparado. Enseguida voy donde Niki y le digo ahí va un desamparado, vamos a darle un plato de comida. Niki se fue a preparar el plato. Yo, a llamarlo, cuando abro la puerta el desamparado era Enrique. Que no tenía disfraz y se puso una barba y un sombrero que encontró en la casa. Nos hemos reído en cantidad. ¡Ganó un premio!

LAS MUÑECAS DE NIKI

Niki me dice que ella se acordó de unas muñecas que hacia el papá y las vendía. Me dijo que se parecían como la muñeca africana. Hizo dos diferentes; les digo, ¡como Niki y mi hermana Abby no hay dos! A mí me parecieron como las muñecas que hacían en Puerto Rico que se usaban para hacer brujería. Especialmente cuando empezó a hacer una de ellas de blanco. Se lo dije y me dijo, embustera, mi papá no era brujo y yo las voy a seguir haciendo. Las hizo y las vendía. Yo le decía, Niki esas muñecas no las debes de hacer. A lo que ella me dice un día, ¡ya me tienes cansá' con la misma “cantaleleta”!, como dices tú. Estas que hice, les puse aceite bendito y las bendije para que no puedan hacer brujerías con ellas como dices tú. ¡Son muñecas para la buena suerte! Te hice una para ti. ¡Oh! ¡Le cambiaste el nombre! ¡El mismo perro con diferente collar! Y no se dice “cantaleleta”! ¡Cantaleta!, y no me hagas ninguna ná'!

¡Zángana! como quiera me la hizo. Se la acepté porque estaban bendecidas.

EL DÍA DE LA RAZA

En los eventos del Día de la Raza, el Club Borinquen siempre participaba, Niki hizo sus muñecas. Algunos miembros trajeron sus cosas también. A Cindy, mi hija, le tocó atender la tiendita. Una señora le pregunta para qué eran las muñecas. Ella le dice, son para la buena suerte. Había un cura viendo lo que teníamos, las mira, y ella le dice a él, sí, son para la buena suerte. ¡La señora compra una, y cuando iba saliendo se resbaló y se cayó! Había llovido el día antes. El cura, que la ayudò a levantarse, le dice, parece que para usted no trabajó la buena suerte. La señora no la devolvió y se fue con su muñeca de la "buena suerte", lo más campante. Cuando Cindy nos dice, nos reímos a más no poder. Te digo Niki, esas muñecas no son buenas, le dije. ¡Ay, Cállate la boca! ¡Yo las bendije!, se cayó por no poner atención. Bueno, dijo otra cosa, que no voy a escribir aquí. ¡Cállate tú!, que de buena suerte no tienen ná', será pa' la mala suerte, ¡zángana!, le dije. ¡Y déjate de estar hablando malo, que no vas a ir al cielo!

EL PESCADO

En otro evento del Día de la Raza, el hermano de Niki, Michael, iba a exhibir sus pinturas y un libro que escribió un amigo y Michael dibujó los personajes. Niki, exhibió sus muñecas bendecidas. Niki y yo íbamos a hacer los entremeses, hicimos unas piñas con jamón, queso y aceitunas puestas en un palillo de dientes, que la gente pasaba y no cogía nada, creo que creían que eran de adorno, así que empezamos a comer nosotras. Cuando los invitados vieron que empezamos a comer, volaron los entremeses. Niki hizo pasta de guayaba con queso y otros entremeses. Se me ocurrió a mí hacer un pescado en escabeche. Le dijimos a Jerry que nos consiguiera pescado, él trajo uno entero bien grande. Mi hermana Abby y su esposo, que vivían en New Jersey, estaban en mi casa de vacaciones y a ella le tocó escamar y limpiar el pescado. Todo iba bien hasta que empezó a cortarlo y cada vez que cortaba salía de entre la carne como un gusano blanco. Cuando ella ve eso, suelta el cuchillo y grita, ¡Uy, ¿qué es eso? ¡Este pescado está podrido, yo no toco eso! Llamé a Jerry y le dije lo que estaba pasando. Llegó a la casa y nos dijo que llamó a una oficina del Gobierno, de parques y recreo, y le dijeron que esos gusanos no hacían nada y que tenían más proteína que la carne del pescado, que se podían comer. Yo terminé de cortar el pescado y lo preparé. Abby y yo dijimos, yo no como eso. Llegamos a la fiesta, después de ir por Sussy, y contarle lo del pescado. Les explicamos a los invitados lo que era pescado en escabeche y le cayeron como hormigas. Algunas personas me pidieron la receta. Cuando le dijimos a Niki y a Sussy lo del pescado, ellas también dijeron lo mismo, ¡yo no como eso tampoco! Ella estaba en su casa haciendo lo que le tocó a ella. Abby, Niki, Becky, Sussy y yo nos fuimos al cuarto de los entremeses viendo quien comía el pescado y cada vez que Jerry y Roberto, el esposo de mi hermana pasaban, adrede nos preguntaban si queríamos un pedacito, que estaba ricoooo. Ellos también comieron. ¡¡¡Muchachos ni muertas!!! Les decíamos entre dientes. Sussy, como siempre, riéndose. Ese pescado nunca se nos olvidó. Niki vendió todas sus muñecas menos una que se "perdió".

LA CASA GALVÁN

De la Casa Galván, nos invitaron varias veces a participar en las actividades que ellos tenían. Empezaron unas clases de comida de diferentes países y estaba abierto para la comunidad, venían turistas y la gente del pueblo. Cuando nos invitaron les hicimos arroz con gandules, tostones, pastelillos y pudin. Cuando estaban comiendo le cantamos unos coritos, con tonada tropical. Niki con las maracas, David, mi hijo, la pandereta y yo el güiro. Yo no canto bien, dicho por Niki, pero me acoplo con otras personas. Había más de veinte personas, quedaron muy contentas y les encantó la comida y el ambiente. Alguien escribió una carta a la casa Galván, muy agradecidos de la comida puertorriqueña.

Fueron muchos años que participamos en el Bay Fest, El Día de la Raza, La Casa Galván, etc. Son festivales de la herencia hispana.

Estamos un día en mi casa, con unas amigas mejicanas. Una

de ellas le pregunta a Niki que si la comida puertorriqueña era parecida a la de Méjico. Niki le dice, usamos muchas especias que en Méjico se usan. Hacemos el arroz un poco diferente a ustedes. ¿Diferente?, le pregunta la amiga, ¿qué tan diferente? Ah, bueno, cuando nosotros hacemos arroz, si lo cogemos y lo tiramos a la pared se resbala para el piso. Si ustedes lo tiran se queda pega'o en la pared. Le abro los ojos y le digo, Nikiiii. Me dice ella, es verdad. Se rieron ellas también, pero ya no hablaron de las comidas. Esa Niki era tremenda.

NIKI ERA UN CHISTE

Una de las cosas de Niki, era que no podía despedirse de las personas, ni en inglés ni en español, siempre metía la pata y nos reíamos de ella en cantidad. Era tanto, que su hermana Laura le decía, *sis*, ya no te despidas, por favor.

Por ejemplo, tuvimos esta pareja que se iban a unir al Club, todo iba bien chévere, ella puertorriqueña, el anglo. A los cuantos días la esposa se muere. Cuando recibimos la noticia, fuimos al velorio y cuando llegó la hora de irnos nos despedimos del viudo, yo salí un poco detrás de Niki, ella le da un abrazo al viudo y le dice, gracias por haber venido. Cuando ella se da cuenta de lo que le dijo, y la mirada que le da el viudo, va y le dice a su hermana y otras miembros del club que estaban cerca del baño esperándonos, yo veo como que están llorando, y pienso por que será, casi no conocíamos esa pareja. Me despido del viudo, voy a preguntarle porque lloraban y están riéndose tan fuerte, y como no podían reírse a carcajadas, se le salían las lágrimas. Niki, diciéndoles que no se rieran, Ella estaba muy seria y abochornada-apenada. Se metió al baño, la seguimos y no quería salir.

Un día fue a despedirse del esposo de mi tía, que le decían Tingo, se despidió y le dice, bueno Tingo, que Dios lo bentingo.

Mi mamá, Titi, vino de vacaciones y le hicimos una despedida. Niki se despide de ella, le da un abrazo y le dice a ver si la veo de nuevo el año pasado. ¡¡AY!!, *sis*, ¡te digo que no te despidas más! ¡Ni en inglés ni en español te puedes despedir! Dile solamente *bye*, adiós, *sayonara*, le dice Laura su hermana.

La risa es la comida del alma.

Cantamos un corito en español, bien bonito en la iglesia. Cuando íbamos en el carro me pregunta, ¿por qué ese corito dice que van a lavar al Señor? Él no necesita que lo bañen. Ay, Niki, dice ¡alabar al Señor! *To praise the Lord!!!* Oh, yo creía que lo bañaban. Otro momento de risa.

Niki fue a Méjico con Raúl, que fue a jugar golf con otras amistades. La noche antes de regresar a Texas, un amigo de Raúl los invitó a cenar a un restaurante exclusivo. Niki ordenó un plato de enchiladas, el mesero le dice, tenemos enchiladas rojas, verdes y enchiladas suizas. Ella me dijo, que nunca había escuchado esa palabra, suizas, y menos de enchiladas, eso es lo que quiero, pensó. Y le dice al mesero, bueno quiero las enchiladas sucias. Raúl le dice, no sucias, *babe*, suizas. La risa no pudo faltar. Me imagino cómo se reirían en la cocina. A lo mejor les cambiaron el nombre a las enchiladas.

EL LECHÓN-MARRANO "ASESINA'O"

Para una Navidad hicimos un lechón en la varita que quedo riquísimo, eso fue lo que dijeron. El lechón no se quería morir, lo acuchillaron, le metieron no sé qué tantos tiros, y el puerco no se moría, yo no estuve allí. Los que lo mataron, dijeron lo que pasó, después que se comieron el lechón. Siempre eso me ha dado pena. Qué bueno que yo no fui, porque cuando llamé a la dueña de la casa donde iba a ser la fiesta, para preguntarle, qué más podía llevar porque quería llevar bastante, éramos 12 personas en mi familia, ella me contesta, oh no, nena, ustedes son muchos, esta vez no pueden venir, pero no te preocupes yo después los invito a todos. Me quedé sin palabras, porque ellos solamente pusieron la casa, el club puso el cerdo y todos llevaron algo y la casa era grande, con una terraza inmensa. Yo nunca llevaba a mis hijos a fiestas de adultos. Era una fiesta de Navidad familiar. Mi hermano y su familia vivían con nosotros. Habían venido de California a buscar trabajo y pertenecían al Club Borinquen también.

Niki y el resto del club se preguntaban ¿qué pasó con Nydia y su familia? Niki no se atrevió a llamar de la fiesta, en ese tiempo no teníamos celulares. Al otro día, me llamó y le dije por qué no fuimos. Se puso furiosa, dijo unas cuantas palabritas al estilo *nuyorican*. Llamó a algunos del club que éramos cercanos y cuando les dijo, alguien del club le dijo que sobró tanta comida que hasta se dañó. Dicho por la misma dueña de la casa. Bueno esa fue la única fiesta que me perdí de ir. Me alegro, yo no hubiera querido comer ese lechón asesina'o. La comida no se le niega a nadie. En la casa de mis padres, a todo el que llegaba se le ofrecía algo y si no había, se hacía. Un día una prima mía en Puerto Rico me dijo que a ella y su familia les encantaba ir a casa porque siempre había comida.

Celebramos Días de Madres, Padres, Día de la Raza, etc.

Hicimos muchos bailes, *luaus*, donamos para muchas instituciones sin lucro. Fiestas de Navidades en cantidad. Algunas fueron en diferentes casas o en algún salón. Todos los años hacíamos un pícnic en el verano, en algún parque, teníamos BBQ, música y comida criolla. Y el baile, ni se diga.

EL CERDO AFEITA'O

Mi mamá estaba de visita en mi casa. Modesto y Beatriz compraron un cerdo-marrano y lo hicimos en la varita en mi patio.

Modesto lo mató en su casa. Mamá y yo fuimos para su casa a ver como lo iba a preparar. Cuando llegamos ya lo había limpiado y por fuera, estaba pasando trabajo tratando de quitarle el pelo de los cachetes del cerdo. No hallaba que más hacer y trajo una afeitadora y lo empezó como a afeitarlo y no podía. Yo creo que eso fue de chiste, porque ese hombre es un cómico que nunca creció. Nos hemos reído en cantidad. Mamá bautizo al puerco como el "puerco afeita'o". nunca se le olvidó a mamá ese puerco-marrano. El nombre de Modesto se le olvidó, pero no el cerdo afeita'o.

LOS VIAJES A SAN ANTONIO

Fuimos varias veces con un grupo del club Borinquen al festival puertorriqueño que hacen cada dos años en San Antonio. Lo pasamos muy bien, los del club regresaron a Corpus Cristi. Niki, Carol, Anna y sus dos hijas, nos quedamos el fin de semana. Fuimos de compras al *mall* y pasamos el resto del día viendo algunos puntos de interés. El sábado en la noche nos quedamos en un motel. A la hora de acostarnos, como Niki y yo éramos las "viejitas", nos iban a dar una cama para nosotras, Carol y Anna en otra, y las hijas en el piso. Las niñas hicieron un berrinche, porque ellas no iban a dormir en el piso, la pobre Carol, que siempre ha tenido un corazón de oro, que hasta nos pagó el motel, les dijo, ok duerman con su mamá que yo duermo en el piso. Le digo a Carol, mi hija, no, Carol, yo duermo en el piso, y tu duermes con Niki. No, mami, tú no duermes en el piso, duerme con Niki. Así pasó. En la mañana, nos dice Niki, ¡jamás me pongan a dormir con Nydia! he pasado la noche peor de mi vida. Dice Niki, ¡esta mujer me ha dado un montón de golpes con la rodilla en la espalda! Lo que pasó es que yo duermo estilo indio, pero acostada boca arriba, me estiro y me muevo en cantidad y vuelvo a mi primera posición. El que duerme conmigo una vez no duerme dos. Nunca se le olvidó la "peor noche de su vida". A mí se me olvidó decirle la manera mía de dormir. La cama era grande. Ella durmió en su la'o yo en el mío, aparentemente.

A mi esposo un día lo empujé de la cama, él ya sabía mi manera de dormir, lo despertaba, pero como estábamos recién casados, y las camas de la base naval eran gemelas, le gustaba la mala vida... Una noche le di un puño en el estómago y una patada que voló al piso. Yo ni cuenta me di, me volteé boca abajo y seguí durmiendo. ¡Cuando se levantó del piso medio dormido y asustado, me dio tremenda nalgada que quedé despierta! le iba a brincar encima, y me puse furiosa. Espera, espera, me decía él, me aventaste-empujaste de la cama. Yo le decía ¿qué rayo es eso que te aventé?, ¿me tiré un viento? En ese tiempo yo era fina, él es méxicoamericano y no nos entendíamos mucho; para nosotros cuando estás "aventá" es que tienes gases. ¿Qué pasa?, ¿por qué me tienes que dar-pegar? Ya me explicó lo que le hice, me pidió perdón, lo perdoné y le pedí también perdón. Ha pasado muchas conmigo por mi manera de dormir. Nunca más me ha pegado-dado. Parte del paquete.

Fuimos a otro festival puertorriqueño a San Antonio. Rentamos una van, éramos 12 personas del club. El chòfer iba a ser Antonio, un miembro, pero se le presentó un problema y no pudo ir. Yo le dije, yo guío, pero de regreso alguien tiene que guiar, porque Enrique me va a estar esperando con los nenes en San Antonio. Nos vamos a regresar el domingo. Le dije a Antonio que llamara a los del club y les dijera que él no podía ir. Nadie dijo nada y nos fuimos. Gozamos en cantidad, especialmente con don Felipe. Él llevaba un gabán-traje y le decíamos, don Felipe quítese el gabán, hace un calor tremendo. Él decía, no, estoy bien. No tengo calor. Le empezamos a cantar una canción que decía así. ¿Y por qué no se quita el saco? Y otro grupo respondía, porque tiene la camisa rota. Le poníamos música y empezamos a bailar. Dejábamos pasar un ratito y alguien empezaba a cantar. Y hacíamos lo mismo. Yo creo que lo cansamos y se quita el gabán y dice, eso mismo, no me lo quito porque tengo la camisa rota y se lo quitó. Nos enseñó la camisa descosida debajo del brazo. No hubo más remedio que reírnos. Hasta que llegó la hora de irnos y no sé por qué todos se sentaron en sus asientos, yo saqué la llave de la cartera-bolsa y les pregunté, ¿quién va a guiar para Corpus? Enrique ya está aquí y me está esperando, les dije. Nadie quería guiar y se formó un laberinto, estilo puertorriqueño. Diciendo que a ellos nadie les había dicho que Antonio no venía. Casi todos guiaban. Don Felipe dijo, yo guío, pero no me paro. Estas mujeres son todas unas meonas, y se quieren parar en cada esquina. Las mujeres todas protestaron, una de ella dijo, está bien dame la llave, porque yo me tengo que parar para ir al baño. ¡Todas las viejas dijeron, y nosotras también! Don Felipe se quedó calladito. Me tienes que decir cómo salir de aquí. Le hice una seña a Enrique, vino y le explicó cómo salir, y se fueron. Niki dijo, todos ustedes saben que yo no guío y yo no me voy a quedar con Nydia. Todos estaban enojados conmigo. Un viaje de tres horas duró como seis horas entre la perdida y los baños. Se dieron la perdida de la vaca, como decimos los puertorriqueños. Cuando llegué a Corpus Christi llamé a Antonio y me dice, ¡ay!, se me olvido decirles. ¡Ay, qué bonito y yo fui la que pagué los platos rotos! ¡Por poco se me tiran encima!

El Club Borinquen siguió, ya no volvimos más a San Antonio en grupo. Fuimos a muchos festivales, íbamos cada uno en su carro, y algunos en parejas. Íbamos también a comprar en la tienda de productos puertorriqueños y cubanos. En ese tiempo no se conseguían en Corpus Christi. Niki y yo seguimos inventando negocios y locuras. Siguió creciendo nuestra amistad. De amigas pasamos a ser como hermanas, nos peleábamos, discutíamos, nos reíamos, llorábamos de la risa.

LOS PARTIDOS POLÍTICOS

Niki y yo nunca discutíamos de política, ella era de un partido, yo de otro. Un día nos dimos un agarrón puertorriqueño, que por poco se acaba la amistad. Cuando se bajó del carro me tiró la puerta que yo pensé que la había roto. Le grité y le dije, ¡mira canto zángana si me rompes la puerta te la voy a poner de sombrero! Se volteó y me dio una mirada, yo creí que me iba a parar el dedo, y se metió para la casa. De ahí en adelante decidimos no hablar de política. Los latinos no pueden hablar de política cuando son de diferente partido. En Puerto Rico hay hasta muertes. Hasta los niños discuten de política.

Mi hermana ayudaba en la escuela donde iban sus nenes.

Un día la maestra la dejó con los niños en lo que iba a la oficina del principal. Le dejó todo para que terminaran sus tareas. Terminan, y la maestra no venía. Gladys, mi hermana, les dijo que cantaran canciones que habían aprendido en la escuela. Cantaron, y ya no sabían que más canciones cantar. Gladys les dice, vamos ahora a cantar canciones populares-del pueblo.

Un niñito se levanta y le dice; *misi*, yo lo siento, pero yo no canto canciones populares-demócratas, porque yo soy de la palma-republicano. Cuando le contó a la maestra, la risa no pudo faltar.

Problemas de la casa, no tocamos ese tema tampoco. Sí, nos contábamos varias cosas, ella no me daba su opinión ni yo tampoco la mía. Sé que no hablaba detrás de mí, ni yo tampoco, ¡éramos iguales lo que hay que decir se dice y ya!

DOÑA VIOLETA

Un día fuimos a visitar a una miembro del club que vivía cerca de la playa. No estaba en la casa y la esperamos en el carro. Hacía calor, era verano. Apagué el carro y bajé las ventanas. Se nos metieron los mosquitos y por poco nos acaban. Yo recibí las picadas en mis brazos, llevaba pantalones largos, Niki llevaba Capri. Así que los mosquitos la atacaron en las piernas. Cuando iba a prender el carro y subir las ventanas, llegó la señora. Nos metimos para la casa rascándonos. Nos sentamos, la señora fue a traernos alcohol, viene y le dice a Niki, ay, nena, ¿qué te pasó? Niki le contesta, nos comieron los mosquitos. A lo que ella le dice, no, no, ¡tus piernas, que les pasó que están tan flacas! ¿Cómo que me pasó? ¡Nada!, las tengo flacas! ¡Así nací! Le dice Niki. Me iba a reír, pero cuando le vi la cara a Niki, esperaba que la mandara a volar. Por no decir otra cosa puertorriqueña, porque cuando a Niki se le subía lo *nuyorican* parecía un marino mercante. ¡Yo la regañaba y le decía, no hables malo, que no vas a ir al cielo! Cuando salimos de allí, dijo un montón de malas palabras como quiera. ¡Yo le decía te voy a lavar la boca con jabón! "Contrayá", ¡no vas a ir al cielo, si sigues hablando así! Ella decía, ay, bendito, Señor perdóname, ¡pero esta vieja o esa persona me enojó! y ahí echaba otra. ¡Muchacha, esa boca tuya parece un inodoro sucio! ¡Te la voy a lavar con jabón y cloro!

Oh, sí, sí, como que te voy a dejar que me la laves, ¡te muerdo! Y a reírnos.

Niki tenía las piernas bien flacas en la parte llegando a los tobillos. Que el amigo del "puerco afeita'o", Modesto, que es más loco que nosotras, debió de ser cómico. Niki, hizo unas ovejitas, para la fiesta de Navidad en la iglesia y les puso mucho algodón y unas patitas bien flacas, se veían lo más lindas. Modesto me hace señas, y me pregunta quien hizo las ovejitas, yo le digo; Niki. Ah, sí, se parecen a ella, las patitas flacas y bien abucheaditas arriba. ¡Mira! ¿Qué estás diciendo? Ahí viene Niki, le dije. Ella estaba arreglando el nacimiento con Beatriz. Le voy a decir a Niki... No, no, no, no le digas, ¡que se va a enojar conmigo! Le dije a Niki. No voy a decir lo que le dijo, aparte de jaylo. Abucheadita, porque tenía unas nalgas bien formadas; también le dice, ya tu mujer las quisiera tener y Nydia también. Se voltea, se mueve y dice, *eat your heart out jeniffer*. Cállense la boca que están en la iglesia, les decía. Los voy a acusar con el pastor.

LA DIFERENCIA

Yo le decía, en tus tiempos eras como Jennifer, que también tiene las patas flacas. ¡Oye! ¡¡Yo no tengo patas!! ¡¡Sí, tienes, porque se parecen a las de las ovejas!!, como dice Modesto.

Hasta en eso ella y yo éramos diferentes, yo llegué tarde a la repartición de nalgas, como dije antes; y me las tiraron de lejos. Estoy más planchà que una tabla de planchàr.

Un día estamos hablando eso en casa y mi hermano David, me dice, Nydia, es que somos familia de Sinatra, ¿Sinatra? Sí, sin na' atrá'. Un día, la sinvergüenza me está viendo por detrás y me dice, contra, a ti sí que no te pusieron na', ¡si te pongo de target en la pared le pego al blanco! Ay, que graciosa te parió la "comai" y tú con esas nalgas pareces un orangután. Ella se voltea, las trataba de mover y no se movían. Siempre decía lo mismo, *eat your heart out, jlo*. Las tenía firmes y nunca se le cayeron, como le decía yo.

Tenía casi 75 años, un día pasa por mi lado y le doy una nalgada, no brincó porque ya no podía. Le digo, oye tu usas faja pa' que las nalgas se te vean así, porque yo veo otras mujeres nalgonas y viejas como tú, las nalgas parecen gelatina o le cuelgan hasta las rabadillas. Yo no sé qué rayo es eso de "rabalillas", y no me importa, me dice. No "mijita" mis nalgas son así. Se voltea y dice *eat your heart out jlo*. Toca, toca aquí, están duritas, toda mi vida han estado así. ¡Ok, Ok te creo, zángana! No te tengo que tocar ná', le dije. Y nos reíamos. ¡Contralla!, te dieron las tuyas y las mías!, le decía. Qué más, la risa no podía faltar.

QUÉ CHÉVERE RESTAURANTE

Después de un tiempito sin tener o inventar ideas, estaba oyendo la radio, y oí que estaban rentando un restaurante con todo. Solamente tenía que pagar los permisos, el primer mes y el último. La renta barata. Estaba listo para abrir. Siempre mi sueño era tener una casa sin cocina, cerca de restaurantes y demás. Mi esposo se reía y me decía, no creo yo. Después de seis niños y tener que cocinar, aprendí a la mala, y me gustó. Entonces decía, necesito una casa con dos cocinas. Cocinaba para el club, para la iglesia, la familia de Enrique —que les encantó la comida puertorriqueña—, para mis amigas. Niki y yo algunas veces hacíamos comidas para fiestas. Oh, pues ya me sentía chef. Niki tenía un diploma de chef cuando estaba en el Army-Fuerzas Armadas. Cocinaba riquísimo. Nunca me dijo, hasta muchos años después me enteré, cuando le pregunte qué era lo que hacía en el Air Force-Fuerza Aérea; porque me había dicho que nunca disparó un tiro. ¡Ea, rayo!, le decía yo, con lo que estaba contando los Estados Unidos. Y me dijo lo del diploma. ¡Oh! Eras cocinera. No señorita, era chef, me dice, tengo diploma y tú no, dime, ¿quién es la chef? ¡Oh, "pos" sí. Ok, ok!, como decía Sussy.

Empecé a planear mi restaurante por muchos años, hice menús, empecé a sacar cuentas, la renta, luz, agua, etc. y todo lo tenía en la libreta de mis sueños, poesías y cuentos de mi niñez. Cuando oigo un anuncio en el radio. ¡¡Se me prendió el foco!! Llamé a Niki y le dije, ¡Niki, tengo una idea! Ella siempre me preguntaba, oh sí, ¿cuál es la idea? Voy a abrir un restaurante, y le conté lo que oí en el radio, de un restaurante que rentaban con todo, listo para abrir. Me fui para su casa, llamé al número de teléfono que dieron. Al otro día fuìmos, hablamos con la dueña, como si tuviera el dinero y experiencia en restaurantes. En una semana ya tenía todo. Fue una bendición del cielo.

Cuando le dije a Carol mi idea, ella pidió un préstamo en el banco y se lo dieron, no la cantidad que necesitábamos, pero pudimos empezar. Mi prima me prestó dinero y familiares y amistades me lo regalaron. No quiero mencionar nombres, pues no quiero olvidarme de algunos, les estaré agradecida por el resto de mi vida.

Cuando llegamos al restaurante que según esto estaba listo para abrir, nos encontramos que necesitaba mucha pero mucha limpieza. El inspector no nos dejó abrir hasta que limpiáramos bien, y nos dijo que en ese restaurante siempre había problemas, especialmente en la limpieza, *¡¡WOW!!* Estaba lleno de cucarachas, ratones..., la cocina estaba asquerosa. ¡Habían dejado el aceite en la freídora, estaba lleno de cucarachas, había una fuga de gas, los dos baños estaban llenos de moho, había que pintar. ¡Y limpiar todo!

¡¡¡JERRY!!!, ven, te necesitamos: Desde ese día le pusimos "THE PUERTORRICAN MAGAIVER". Él sabía hacer de todo. Me cobraban carísimo para arreglar la fuga de gas. Jerry la arregló y él me puso la pieza, que costó menos de un dólar. Traté de pagarle y me dijo que para nosotras, él trabajaba por comida. Me recomendó la pintura que necesitaba para arreglar los baños, checó que todo lo de electricidad estuviera trabajando. Les digo, como nuestro Jerry no hay dos. ¡Nuestro Jerry sabía todo!, así le decía a Sussy cuando me preguntaba algo, le decía, y nunca me creía! Siempre me decía, le voy a preguntar a mi Andresito, porque mi Andresito sabe todo. ¡Pues la próxima vez le preguntas a Andresito y no a mí, ¡Ok! De juego le decía, ¡mi Carolita sabe todo también!

Aunque Enrique, mi esposo, era electricista, estaba un poco enojado porque no le pedí permiso para abrir el restaurante, solamente le dije voy a abrir un restaurante esta semana. Él decía que él no era de negocios, pero yo sí. Aunque le tiraba a todo y a nada le pegaba, seguía tratando. No le pedí que viniera a ver las neveras, el grill, la máquina del hielo, etc. Jerry lo hizo. Nuestro amigo David me limpió el grill, la estufa, la freídora, el ventilador. Me dio tanto asco la freídora que la tapé y nunca la usé. Por si acaso aparecía una cucaracha, freía en un sartén, con aceite fresco todos los días. Nos tardamos más de dos semanas en limpiar, pintar, y organizar todo. Antes de abrir vinieron muchos inspectores.

Estaba en la cocina limpiando, viene Niki y me dice, aquí viene otro inspector, el inspector venía detrás de ella. Era un joven bien vestido, traía una libreta y muchos lápices en el bolsillo de su camisa. Lo saludé y me dijo algo que no entendí, miré a Niki, ella me abre los ojos como siempre que no entendía algo. Pensé, ¡ay! Dios mío se metió un loco. Cuando él sigue hablando, me doy cuenta de que él decía menudo, menudo, bean-frijoles y otras cosas más. Era una persona especial. Ya le dije que todavía no abría, que sí, íbamos a tener menudo y frijoles. El joven se fue.

Cuando recibimos el okey para abrir, nos dijo el inspector que era la primera vez que el restaurante se veía tan limpio. Cuando abrimos, el joven que vino a preguntar fue nuestro cliente favorito, venía todos los días, en la mañana a comerse un taco de frijoles con un café. A mediodía otro taco con té. Los sábados su menudo con dos tortillas y café. Le pagaba a Niki un dólar cada vez que comía. Cuando no tenía le enseñaba la billetera y decía, nada nada". Niki le decía, cuando tengas dinero me pagas. Cuando tenía dinero le traía a Niki su dólar. Siempre se sentaba en la misma mesa y si alguien estaba en la mesa de él, se paraba en un lado a esperar su mesa. En su libreta escribía todos los días el menú, que lo tenía en una pizarra.

Cuando venía el inspector, siempre teníamos 100 o 99 porque algunas veces encontraba un vaso con agua fría en la cocina. Niki le preguntó porque eran tan estrictos, el vaso tenía tapa, él le contestó que así era en Corpus Christi y que lo sentía mucho, pero era Corpus no San Antonio. Aquí somos más estrictos que en San Antonio. La cocina estaba caliente como un horno. Las oficinas de salubridad estaban en el mismo bloque que el restaurante. Los empleados venían a comer, incluyendo el inspector.

LA GRAN APERTURA

El día que abrimos íbamos muy guapas, pensábamos usar sombreros de vaquero, pues el restaurante era de comida puertorriqueña y mexicana. Niki los arregló con flores de amapolas y bien criollos. Como a media mañana se puso la cocina como un horno y los sombreros volaron, nos pusimos unas redecillas o gorras, ese fue el fin de los sombreros.

Siento decir esto, pero entre algunos latinos hay un celo y envidia cuando ven que alguien está haciendo bien. Alguien me desconectó la electricidad un fin de semana; yo no abría los domingos. Gracias a Dios no se desconectaron las neveras. Le comenté a Enrique y me conectó la electricidad, y le puso algo que no lo pudieran abrir, solo los de la luz. De ahí se le quitó lo enoja'o-sentido como dicen los mexicanos. Después era mi mejor cliente de cachete-gratis.

Estaba el restaurante lleno, todo pasó bien. Cuando cerramos por el día, nosotros solíamos antes de empezar a limpiar, comer. Cuando yo miro para el suelo, al lado de la mesa en la que el inspector comió, veo algo en el piso, me paré y fui a ver, y era un esqueleto de ratón. ¡¡Grité!! Niki y Carol no podían creer lo que estaban viendo. Alguien tuvo que haberlo puesto ahí, porque el restaurante estaba impecablemente limpio. Cuando le contamos a alguien, me dijo, parece que no te quieren aquí; ten cuidado. Estamos con Dios no tenemos miedo, le dije.

Algunos familiares y amistades me ayudaron, tanto con dinero, como emocionalmente, algunos también me dijeron que no me iba a durar. Y yo les decía, ¡chica, con amigas como tú no necesito enemigos! Yo soy muy franca, igual que Niki. Cuando decían algo negativo de mí o del restaurante ella no se callaba. De verdad que hay gente ignorante, celosa y envidiosa. Yo me alegro de ver una persona que realice sus sueños y si tengo que ayudarle lo hago. Niki y Carol me ayudaron sin paga. Niki se auto llamó la mesera-cajera, Carol era la cajera y algunas veces mesera, algo que ellas nunca habían hecho. Yo nunca había trabajado en un restaurante, solamente haciendo sándwiches con Anna. Me ayudaban en la cocina también.

El primer día, oigo a Niki, que le dice al primer cliente, Hola, soy Niki, y seré su mesera de hoy. Cuando va a poner la orden, le digo: serás la mesera de todos, solamente eres tú. Ese cliente nos duró hasta lo último. Todos los días venía a desayunar y a almorzar-comer.

No quiero mencionar todas las personas que me ayudaron como decían ellos, por comida. Cuando el restaurante se llenaba y solamente estaban Niki y Carol, siempre Dios mandaba a alguien, que supuestamente venían a comer, y las poníamos de meseras o a ayudarme en la cocina. Todas tenían el permiso de salubridad. ¡Casi siempre eran de mi iglesia! Hacíamos comidas para vender, yo era la encargada y la chef, ¡Oh!, perdón, la cocinera. La chef es Niki.

LA TORTILLERA

Los clientes empezaron a decirle a Niki que les gustaba mucho la comida pero que teníamos que servir tortillas frescas. Nosotras no sabíamos hacer tortillas, y yo compraba unas tortillas que para mí eran como hechas en casa. Estábamos sentadas comiendo y le digo a Niki que voy a tener que buscar una tortillera y a la vez digo, ¡ay Señor!, mándame una tortillera

—no como las de Puerto Rico—. Y si es como las de Puerto Rico, después que sepa hacer tortillas mexicanas, está bien. No habían pasado más de diez minutos, cuando entra esta señora y me dice, veo que es un restaurante nuevo, ¿necesitan una tortillera?

Niki y yo nos miramos, y le digo ¿cuándo puede empezar? Mañana, me dice. Esa señora duró con nosotros hasta que por razones ajenas a mi voluntad cerré. No digo por qué cerré, como dice David, eso es agua debajo del puente. Yo estaba encantada con ella y ella con nosotros. Nos decía que nunca había trabajado en un restaurante como el mío. Antes de ella irse para su casa comía con nosotros, si teníamos un break, yo la llamaba para que se sentara con nosotros. Siempre tenía las tortillas listas, cuando no se necesitaban tortillas, me lavaba los platos-vasijas, barría o hacia algo. Yo le decía Mrs. Rodríguez, solamente la empleé para las tortillas, ella se sonreía, como quiera estaba en el reloj. Era muy trabajadora, ella oía nuestras historias de las cosas raras que pasaban en el restaurante, y siempre se quedaba calladita. Muy seria.

COSAS RARAS EN EL RESTAURANTE

Abríamos a las seis de la mañana, llegábamos como a las cinco. Yo me iba a la cocina y Niki al frente a preparar el café, la caja registradora, el té y todo lo que se necesitara al frente. Ella venía a la cocina a ayudarme un rato. Empezamos a oír música al frente. Le preguntaba a Niki, ¿prendiste el radio? Ella decía yo no, lo prenderías tú. Íbamos al frente y no estaba prendido. Decíamos, es en el negocio de al lado. Después nos enteramos de que ellos abrían a las 10 am. A lo mejor pasó alguien con un radio alto. No le hicimos mucho caso, hasta que empezamos a oír voces de mucha gente, como si hubiera una fiesta al frente. Le volvía a preguntar a Niki si había prendido el radio. Ella decía que no, íbamos a ver, y nada. Pues que siga la fiesta, decíamos nosotras.

La campana de la puerta del frente empezó a sonar como que alguien entraba. Lo mismo, íbamos para el frente y la puerta todavía estaba con llave.

Empezamos a ver y a oír cosas raras, como decíamos

Niki y yo. La dueña del negocio venía a desayunar-almorzar y a comer-almorzar todos los días. Le encantaba mi menudo y la comida puertorriqueña. Le preguntamos si el restaurante estaba embrujado y se reía, y nos decía que en esa área hubo varias batallas con Pancho Villa. Quizá sería cierto porque yo veía un hombre que se paraba en la puerta que iba del comedor a la cocina. Cuando yo estaba en la estufa cocinando, yo lo podía ver y cuando volteaba se desaparecía, traía también una breva-cigarro en la boca. Vestido con un uniforme kaki. Un día me cansé de verlo y le dije: ¡Te reprendo en el nombre de Cristo! Si no eres un ángel cuidándonos, te sales del restaurante, ¡ahora mismo! No lo volví a ver adentro, pero por la puerta de la cocina que daba para afuera, estaba abierta con tela de mosquitero, sentía que alguien me miraba, cuando volteaba no era nadie. ¡¡Te quedas afuera y aquí no entres!! Le gritaba.

Una hornilla en la estufa se subía sola. La señora de las tortillas-tortillera, no quiso hacer las tortillas en una mesa que yo le puse cerca de una ventana que había sido *drive thru*-auto servicio. Los vecinos se habían quejado con la ciudad, porque había casas detrás del restaurante y les molestaba el ruido. Ya no se podía usar. Entonces Mrs. Rodríguez empezó a hacer las tortillas en el medio de la cocina, cerca de la estufa. Como ya me habían pasado tantas cosas con la gente envidiosa, yo pensé, la señora me está subiendo la hornilla. Un día le pregunte si ella le estaba subiendo el fuego. Me dice que no. Yo le creí. Esa hornilla siempre se subía el fuego y ya no cociné en ella. Jerry la checó y no encontró nada mal.

Los suegros de Delia, mi amiga, vinieron de Cuba de vacaciones, estaban hablando en el restaurante, de la situación de Cuba, cuando la suegra ve a nuestro cliente preferido; que no puedo recordar su verdadero nombre; ¡por culpa de Niki! escribiendo en su libreta y como siempre andaba bien vestido, con camisa blanca de manga larga y pantalones y zapatos negros, siempre bien peinado. La señora dice en voz baja a mi amiga y a su esposo, cállense la boca que ahí hay un espía de Cuba, porque está anotando lo que hablamos. Mi amiga se empieza a reír, y le dice quién era. A la risa de ellos, Niki fue a ver qué pasaba y cuando le dicen, de ahí en adelante se llamó el espía cubano de

Qué chévere.

Niki les ponía nombre a los clientes que no recordaba sus nombres. Después le cambiamos el nombre de espía a pin-pin. Porque un día que el restaurante estaba lleno y no teníamos suficientes meseras, pusimos a la hija de mi amiga Delia, la nieta de los cubanos, a atender a los clientes. Ella fue a donde el espía a tomar su orden y él le entrega un pan-bolillo, y le dice *bean bean*, él ahora nos traía un pan de la panadería que estaba cerca del restaurante y le decía a Niki *bean-bean*-frijoles-habichuelas refritas, Niki ya lo entendía, pero ella no. Me lleva el pan y me dice, ahí hay un cliente que me dio este pan y me dice "pin pin", yo no sé lo que quiere. Oh, es el espía cubano, le explico y le doy el pan con frijoles refritos. Cuando le digo a Niki, lo bautizò de nuevo, ahora se llamaba el espía pin pin. Con el tiempo solamente pin pin.

Los misterios siguieron. Un día está mi amiga Delia de mesera improvisada, entra esta señora joven con su mamá, que siempre venían casi para cerrar, venían de otro pueblo, eran puertorriqueñas y Delia ve que entran tres personas, las madre e hija se sientan. Delia ve que la muchacha se va para el baño. Delia va y le pone 3 menús se retira para esperar a la muchacha del baño y al ratito la señora llama a Delia, que ya querían ordenar, Delia va y le dice; Oh, estoy esperando a la muchacha que fue al baño. No, solamente somos nosotras, nadie más viene con nosotros, dice la señora. Delia les toma su orden, va a entregarme la nota y me dice, ve al baño de las mujeres y checa en una muchacha que se metió al baño y no ha salido. Chequé y no había nadie.

Dos semanas después tuvimos un pícnic del Club Borinquen y cuando llegamos, Delia iba con nosotros. Las clientas del restaurante estaban en el pícnic; nos llaman y nos dicen, que esa noche que llegó a la casa, tuvo que ir al hospital de emergencia con un dolor horrible. Yo rápido pensé, ¡ea, rayo la envenenamos! Era algo que ella ya estaba padeciendo y no le encontraban nada. Le tuvieron que hacer una operación de emergencia y le encontraron lo que era. Ella le dice a Delia, creo que la persona que venía con nosotras en el restaurante era mi ángel cuidándome. Todo salió bien y aquí me tienes, me siento muy bien.

Nosotras les contábamos a las personas allegadas a nosotros lo que pasaba en el restaurante y nadie hacìa comentarios, incluyendo Delia. Ese día se convenció que era verdad. Especialmente Jerry, un día estaba en el restaurante y fue al baño y cuando estaba de espalda a la puerta haciendo su asunto, alguien le pegó en el hombro, él creía que no había trancado la puerta y cuando voltea no ve a nadie. ¡Salió más rápido que ligero! Va a la cocina y me dice, ahora sí les creo lo que me dicen y me contó lo que le acababa de pasar. ¡No que no, chiquito!

Le hicimos una comida-beneficio a la pareja de Cuba y vendimos tiques para ayudarles que llevaran un dinerito para Cuba. Fue un domingo y el restaurante estaba cerrado, vendimos muchos platos y algunas personas comieron allí, platicando con los cubanos, teníamos música y otras personas comiendo. El lunes fue este señor que era cliente, había estado en el beneficio y le pregunto a Niki que donde estaba la otra mesera, Niki le dice, ¿cuál? Solamente somos Carol y yo, le dice él no, no, yo conozco a Carol, la que me atendió ayer era alta delgada con el pelo largo y bien blanca. Lo siento, le dice Niki, pero ayer no tuvimos meseras, el restaurante estaba cerrado. Solamente lo abrimos para la comida benéfica. Otro misterio.

Le contábamos a la dueña del restaurante, se reía y decía, ¡hay que muchachas!, aquí no pasa nada son cosas de ustedes.

Como les digo, Niki les ponía nombres a todos, el puertorriqueño sucio, siempre comía lo mismo y lo veía venir y me decía, ahí viene el puertorriqueño sucio. Era mecánico y sus uñas y su pantalón siempre estaban sucios. ¡Ahí viene el del sombrero! ¡El de la pata rota!

Niki, ¡pídele el nombre!, le decía. ¡Ay! Bendito, se me olvidan los nombres. ¡Bueno pues que no te oigan! ¿Qué nombre les vas a poner cuando vengan limpios, sin la pata rota, y sin sombrero? ¿O, que, ya los bautizaste?

Teníamos unos clientes que venían todos los medio días a comer caldo, eran dos viejitos lo más amables. Padre e hijo. Un día vino nuestra amiga Anna, que es *nuyorican* como Niki. Estaba yo hablando con Niki, estábamos a punto de cerrar. Le digo a Niki, no vinieron los señores de la Airlines, que raro. Así quedó la cosa. A lo mejor mañana vienen, ellos no fallan. Siempre a medio día están aquí, dice Niki. Y Anna poniendo oreja, estaba recién divorciada, joven y buscando novio. Al otro día aparece Anna bien vestida, arreglada que parecía una Barbie, porque es bien bonita y llegó a tiempo a todas las reparticiones. Niki le pregunta, ¿a dónde vas Anna? A ningún sitio, vengo a conocer los pilotos. ¿Qué pilotos? le dice Niki. Ella le dice de los que estaban hablando ayer que vienen de la Airline. Muchacha, ¡si tú los llegas a ver!, son dos viejitos que están más viejos que Matusalén, como dice Nydia, y vienen de la calle Airline. Hasta hoy en día recordamos los pilotos. Ese día tuvieron nuevo nombre, ¡ahí vienen los pilotos, haz los caldos!, me decía Niki. Nos reíamos en cantidad.

Anna estaba buscando novio y le salieron algunos pretendientes. Siempre me pedía mi opinión. Yo la aconsejaba que tuviera mucho cuidado con quien salía porque el virus del sida estaba en todo su apogeo. Le decía, primeramente, los tienes que poner en alcohol por un año, hasta que se desinfecten y después hablamos. Y me reía. Me decía con una mala palabra, porque es otro marino mercante, igual que Niki, ¡entonces cuando voy a poder salir con un macho! y nos reíamos. ¡Tú oyes eso, Niki! Nunca me voy a casar otra vez, le decía a Niki. Y ahí echaba otra palabrita con sazón. Niki le decía; chica no le hagas caso a Nydia, porque nunca te vas a casar, es cierto.

Llega Anna al restaurante y me dice, ¡ya ni en sueños me dejas gozar! ¿Qué pasó chica?, ¿qué te hice? Soñé; me dice, que estoy en un cuarto con este macho, precioso y estoy en la cama en pelota-desnuda y lo veo venir para la cama en pelota también y cuando se iba a meter a la cama, te apareces tú por el otro lado y me dices; ¡ten cuidado de que te va a pegar el AIDS! ¡Me desperté asustada! Le dice a Niki, ¡ni en mis sueños esta mujer me deja gozar! ¡Para qué fue eso!, la risa no pudo faltar. también les hizo el sueño a las otras amigas. Y echó varias palabritas, para darle fuerza a la palabra.

Yo trabajé con ella, en su restaurante, como dije antes. Estábamos las dos solas en el restaurante, cuando ve una persona que yo creo no le caía bien y me dice, ahí viene esa mujer, dile que no estoy aquí y fue y se metió al congelador que podía uno entrar, de la comida. En eso entra un cliente y lo empecé a atender. La señora esperó y me pregunta por Anna, a mí no me gusta mentir, pero tuve que decirle que Anna no estaba. La señora se fue, entraron tres personas más y las atendí. Se me olvidó Anna y cuando me acordé, corrí para el congelador, lo abro y esta Anna en una esquina temblando. Me dice, ¿yaaa seee fueee? Ay, Anna, perdóname hace rato que se fue, se me olvidó de que estabas metida en el congelador-*walk in*. ¡Eso te pasa por mentirosa! y que más, a reírnos. Cuando le contamos a Niki y las otras amigas..., otro momento de risa.

Cuando Anna hablaba malo, solamente la miraba y me respetaba. Como quiera cuando se enojaba, le importaba un pepino y ni me miraba. Vino un día una muchacha que nunca la habíamos visto, se sentó, pidió un té y no sé qué tantos refiles. Se paró y se fue, Niki fue a decirme lo que pasó y yo le digo, ¿y por qué no la llamaste y le cobraste? ¡¡Muchacha!!, con la cara y el cuerpo que tenía, y estaba sentada moviendo una pierna como que tenía ganas de pelear. ¡Y está gordísima! ¡¡Vete y llámala tú y cóbrale!! ¡¡Yo no!! Después nos enteramos de que no estaba muy bien de la mente. Vivía cerca del restaurante.

Un sábado teníamos a Cindy y Diana, mis hijas, de meseras. Ellas nunca habían sido meseras. Habían sacado sus permisos. Llega Nellie, nuestra amiga puertorriqueña. Cindy fue y la atendió, Diana se fue detrás de ella para ver cómo Cindy le iba a hacer. Nellie pone su orden rápido, me imagino que al estilo *nuyorican*. Cindy no entiende lo que le pide; se regresan las dos y Cindy le pregunta a Diana, ¿qué fue lo que pidió Nellie? porque se le olvidó escribirlo en la orden. Se lo pidió en español y Diana supuestamente sabia más español que Cindy. Diana le dice, ella no te ordenó, te pidió el *phone book*-libro de teléfonos. Cindy coge-toma el libro de teléfono y se lo lleva a la mesa. ¿Y pa' que yo quiero eso, nena?, le pregunta Nellie. Usted me lo pidió, le dice Cindy. Nellie empieza a reírse, se levanta de la mesa y fue a la cocina muerta de la risa, y me dice, enséñales a las nenas a coger las órdenes, le pedí un mofongo y me llevó el *phone book*-el libro de teléfonos. Desde ese día Niki bautizo al mofongo-*phonebook*. Y fue el chiste del día y de siempre.

El restaurante estaba lleno, viene Niki y me pone algunas órdenes y cuando voy a ver las órdenes, veo detrás de Niki este nene rubio como de unos 4 años detrás de ella. Recojo las órdenes y le digo a Niki, cuidado con ese nene detrás de ti, que no te haga caer. Empiezo a hablar sola, ¡esta gente que trae niños a los restaurantes y después los dejan correr como si estuvieran en un parque! Ojalá que Niki no se tropiece con él. Cuando regresó Niki a recoger los platos, el nene-niño detrás de ella otra vez. Vuelvo y le digo cuidado que ese nene no te haga caer. Cuando pasó el *rush*, Niki me dice, oye de qué nene estabas hablando. El muchachito que estaba detrás de ti, tenía miedo de que te fuera a hacer caer. Le dije como se parecía, me dice, una, en el restaurante no había ningún niño y otra, nadie estaba detrás de mí. Otro misterio. Ella enseguida llamó a su nuera que tenía un nene como de esa edad y era rubio. Para ver si todo estaba bien.

Un día estamos en el comedor descansando un ratito, de momento sentimos un ruido tremendo en la cocina. Se sintió como que los platos y un montón de cosas se cayeron al piso. Corrimos para la cocina asustadas. Todo estaba en su sitio. También en el comedor un día estábamos en la cocina, pues Niki algunas veces me ayudaba a recoger y limpiar y sentimos también que se cayeron los vasos y las tazas. Corrimos para el frente y todo estaba en su sitio. Oímos eso varias veces, entonces yo le gritaba, ¡si los tiraron al piso lo recogen! y nos empezábamos a reír. Con el tiempo yo creo que se cansaron y ya no oímos nada más de eso.

Algunas veces Niki y yo en la noche íbamos a la tienda a comprar cosas que nos hacían falta. No sé porque no nos daba miedo, bueno a mí no me daba miedo, solamente sentía como un friito en la espalda. Prendía las luces rápido, ponía todo en su sitio, cantando un corito y salía es manda-a la carrera. La miss Niki se quedaba en el carro. Me decía que estaba cansada. ¡¡¡¡¡Miedosa!!!!!

No teníamos lavaplatos y un amigo del club me recomendó al hijo de su novia. Era un muchacho joven, tenía un montón de tatuajes, me decía que pertenecía a una ganga, yo no le creí, muy trabajador. David, mi hijo, que era el que limpiaba las mesas y barría, me dijo, que él traía algo en la pierna, le dijo que se lo pusieron los policías. Yo nunca me enteré. Siempre se portó bien. Nos hacía reír en cantidad. Siempre nos decía a Niki y a mí. ¡miss quiere cookie!, y se reía cuando nosotras le decíamos ¡aquí no hay cookies! Nos enteramos después de que eso quería decir si queríamos sexo con él. ¡¡Sinvergüenza!!!

Un día viene muy contento y me enseña una olla nueva que tenía teflón y me dice que me la limpió bien y ya no tenía esa cosa fea adentro. Cuando la veo me dieron ganas de ponerle la olla de sombrero, le expliqué muy calmadamente que me dañó la olla, que la próxima vez me preguntara primero. Niki se quedó calladita y se fue para el comedor riéndose.

Estoy en la cocina haciendo unas órdenes y veo esta viejita bajita con un vestido largo de flores, que trae unos platos y los pone en el fregadero, como estaba ocupada no le puse mucha atención, creí que era una mesera improvisada que teníamos. Cuando vi la mesera en pantalones, me vino a la mente el vestido de la señora. Le pregunté a Niki y al muchacho si hubo alguien en el restaurante así vestida. No, me dice ella. Otra vez otro misterio.

Este hombre que era un cliente que venía casi todos los días, se le ocurrió llamar a Niki como llaman a los gatos. Ella fue y le dijo, le voy a agradecer que no me llame así, porque yo no soy ningún gato, ¡¡Mi nombre, usted lo sabe, es Niki!! El señor se quedó flor y botón, como decía mi amiga Delia. No dejó de venir. Cliente fiel. Muy amistoso.

Niki platicaba-hablaba con los clientes y cuando no había mucha gente se sentaba con ellos. Algunas personas le confiaban algunos problemas y ella era tremenda para dar consejos, ella te iba a decir lo que tenía que decir te gustara o no. Al pan, pan y al vino, ¡vino! Se corrió la voz que ella adivinaba, vinieron varias personas a consultarla. No, no, no, les decía ella, yo solamente le digo lo que yo creo es mejor para ustedes. Depende lo que me digan. Yo no soy adivina ni bruja. Yo le decía a ella, tú debiste de estudiar para consejera, psicóloga, o pa' bruja.

En la hora del almuerzo-comida este cliente, que venía casi todos los días, llama a Niki, ella va y él le dice; mira, bien bajito-calmadito, lo que me encontré en la lechuga. ¡¡Le enseña un gusanito que lo había puesto fuera del plato!! Estaba vivo. Cuando Niki lo ve dice, ay, qué lindo, mira como camina, ¡qué bonito se ve! El gusanito caminaba como que se estiraba, subía el cuerpecito y hacia como una montanita. El cliente se empezó a reír también. Niki le pregunta si quiere otro plato, que no le va a cobrar, porque lavamos siempre los vegetales. Él le dice, no, está bien, sácame la lechuga del plato porque no me gusta con gusanos y llévate el gusanito contigo. La risa no pudo faltar. Especialmente cuando Niki decía la historia del gusanito e imitaba como caminaba el gusanito.

Niki fue a tomarle-cogerle la orden a este cliente. Él ordenó un desayuno puertorriqueño. Ella le dice, muy bien, ¿cómo quiere los huevos? Viene a la cocina, y me dice, tienes que hacer un desayuno puertorriqueño. ¿Qué? En el menú no hay desayuno puertorriqueño. En Puerto Rico se come como aquí. Ah, bueno, inventa uno, me dio la nota y se fue para el frente. Enseguida eché la mente a trabajar e inventé un desayuno. Huevos, jamón de cocinar, lo corté como un bisté-*steak* lo freí-doré y no hallaba qué más ponerle al plato. Recordé que Niki un día hizo huevos revueltos con pedacitos de plátano macho bien maduro y jamón y me gustaron mucho. Yo nunca había comido los huevos así. Le pregunté quién le enseñó eso, porque en Puerto Rico nunca vi a nadie comer eso. Me dijo que la abuela de ella se los hacía así. Yo le dije, esos son huevos *nuyorican*. Veo unos plátanos que ya estaban maduros, los mondé-pelé y freí la mitad al estilo como los tostones. Le hice dos tostadas de pan francés, mantequilla y pasta de guayaba. Le encantó ese desayuno. Después venía dos veces a la semana, porque alguien le dijo que el plátano macho maduro era bueno para quitar los dolores de la artritis.

En mi casa, el desayuno por lo general era los huevos hervidos, café o chocolate caliente, pan francés, con mantequilla y queso derretido en el café o chocolate. Y aquí no comen queso derretido en el café o chocolate. Y si no, pregúntenles a los hijos de Sussy.

La dueña del restaurante vino un día muy contenta porque tenía dientes nuevos. Un puente al frente. Estaba muy alegre porque iba a un rally de la política, ella era conocida en Corpus Christi. Venía un político que estaba corriendo para senador. Se fue la señora, y cuando cerramos, me llama para saber si habíamos encontrado sus dientes, que le molestaron cuando estaba comiendo y se los quitó y los puso en una servilleta y se le olvidó llevárselos. Yo le dije que nadie los había encontrado, que ya habíamos sacado la basura. Me pidió por favor si podía buscar en el bote-zafacón de la basura, porque le habían costado mucho dinero. Niki estaba poniendo atención a la conversación, yo le digo a la señora que sí, que buscaríamos. Cuando engancho, Niki me pregunta, ¿qué pasó?, ¿se le perdieron los dientes? Sí Niki, bendito, tenemos que ayudarla. Vamos a buscar en el zafacón-bote de basura... Iba a seguir hablando cuando ella me dice, vamos son mucha gente, conmigo no cuentes, yo no voy a buscar eso en la basura. ¡Estás loca! A maría Niki, no digas eso. Lo siento, ¡¡¡yo no!! ¡Qué se compre otros! y se empezó a reír, bueno, nos empezamos a reír. Le digo a David, vente, David, vamos a buscar. Esta Niki es mala. Ok, mami, vamos. Nos pusimos guantes y empezamos a buscar, no tardamos mucho cuando los encontramos. Llamé a la casa y ya se había ido al rally. No tenía teléfono celular. Al otro día vino a desayunar y a ver si los había encontrado. Se los entregué y me dijo, fue la noche más mala que he pasado, no pude hablar casi y cuando hablaba me tapaba la boca. Y como siempre, todo terminaba en risa.

El senador, que lo elegimos, vino a comer al restaurante, con algunas personas de la política, era como una mesa de 8 o10 personas. El senador pidió un caldo. El restaurante estaba repleto, Enrique estaba sentado en una mesita que quedaba cerca de la cocina y ya había comido. Estaba tomándose su café y leyendo el periódico. Cuando yo termino el caldo-sopa, viene una mesera que no era Carol y se lo lleva, ella creía que era para Enrique, fue y se lo llevo a él. De suerte que Enrique lo ve y piensa yo creo que no es para mí, pero si me lo dieron me lo como. A la misma vez, viene Carol, y me dice que pasa con el caldo. Yo le digo ya lo mandé, se lo llevó María. Ella va y le pregunta. María le dice, se lo di a tu papá, creí que era para él. Enseguida Carol va a la mesa donde estaba Enrique que ya había pensado comérselo, pasa y se lleva el caldo, lo lleva a la cocina, lo pone en la parte donde servíamos los platos casi corre para el frente, lo coge y se lo lleva muy challant-muy quitada de la pena; como decía Niki; cuando decía el chiste del senador.

Teníamos un cliente, que venía todos los sábados a comer menudo y un café. A Niki le encantaba que viniera, él decía que nunca había probado un menudo como el mío. Venía desde San Antonio, muy bien vestido, en un Mercedes Benz. Niki decía que parecía un abogado. A lo mejor era, le dejaba a Niki 10.00 dólares de propina. Nunca supimos a qué venía a Corpus Christi. Me extrañó que Niki no le preguntara.

Venia todas las mañanas este viejito afroamericano a desayunar y le pedía a Niki media taza de café, porque una taza era mucho para él, tenía 90 años y medio-cacho. Viudo, todavía guiaba-manejaba. Cuando me dijo Niki, le dije que se lo diera en las tacitas donde servíamos el café negro a los cubanos y puertorriqueños. ¡Eso fue para él algo fascinante, nunca había visto una taza igual para el café, y tenía plato! Las tazas grandes no tenían platos. Cuando iba a cerrar el restaurante, le dije a Niki que le regalara la tacita y el platito para que se acordara de nosotras. Él estaba feliz. No se cansaba de mirar la taza y el platito y darnos las gracias.

Una mañana yo vi a Niki que traía un pantalón un poco raro. No le dije nada. El cliente que la llamó como les llaman a los gatos, le dice, Niki, tú te sientes tan bien en este restaurante que hasta vienes en piyamas, solamente te faltan las chinelas-guaraches.

Niki se rio, y como estaba ocupada no le hizo mucho caso. Cuando estábamos limpiando, me dice lo que le dijo el cliente. Yo le digo, bueno yo te vi ese pantalón y pensé lo mismo, te iba a decir y como nos ocupamos se me olvidó. ¡Pues no es un piyama, es un pantalón! ¡Zángana!, me dice ella. Pues lo siento porque parece un piyama. Ya no se lo puso más.

Estábamos desinfectando en la mañana como hacíamos todos los días, la mesa de la tortillera y demás, con cloro, de pronto pasa un ratón por el piso e iba a la carrera. Cuando Niki lo ve dio un grito y brincó a la mesa de la tortillera. ¿Tú vistes eso? ¡¡Un ratón, un ratón!! Me grita ella. Cuando se le pasó el susto, se quiso bajar de la mesa y no podía. ¡Qué zángana! ¡¡Ahora como te subiste te bajas!! Canto de boba. Le dije. La tuve que ayudar y no podíamos dejar de reírnos, porque no se podía bajar. Ese mismo día cuando cerramos el restaurante estamos diciéndole el chiste del ratón a Carol, cuando el sinvergüenza viene corriendo para el comedor, gracias a Dios que ya habíamos cerrado. Carol pega un brinco y quiso subirse a la mesa del comedor y no pudo y se ha pegado en una pierna que yo creía que se la había roto. Después del susto y de curar a Carol, le pusimos una trampa y al otro día pagó por ponerse fresco con nosotras. Después no nos atrevíamos a botarlo-tirarlo y me toco a mí. Niki me dice, tú eres la dueña, te toca a ti. ¡Ay, que graciosa te parió la "comai"! ¡Tú también lo puedes botar, zángana! Yo no, dice ella. Lo boté-tiré con todo y trampa. Llamamos rápido a la compañía que nos fumigaba y se acabó el problema. Como quiera, limpiábamos todas las mesas en las mañanas con cloro. En la cocina y al frente. Nunca la pude hacer que limpiara los baños. *Sorry*-lo siento, hasta ahí te ayudo. Los baños son tuyos, me decía. Jugando yo le decía, que buena amiga tengo, ¡zángana! ¡Te voy a despedir un día de estos! ¡Bótame! ¡A mí no me importa!

Alguien me regalò una mata, y que, para la buena suerte, cosa que yo no creo, y como estaba preciosa, la pusimos en una esquina del restaurante, a los pocos días los clientes se desaparecieron. La mata, todas las ramas empezaron a ponerse como para afuera, yo no le hice caso. Algunas veces eso pasa, los clientes se van a otro sitio, pensé, a lo mejor abrieron un restaurante nuevo, por aquí cerca.

Teníamos un cliente que venía todas las mañanas a desayunar y cuando vio la mata, le dice a Niki, te la cambio por otra, no es de la misma, a mí me gusta esa. Yo me como las ramas, son muy nutritivas. Una cosa que nosotros hacíamos era orar todas las mañanas y cuando cerrábamos, para darle las gracias a Dios por su protección.

El lugar no era muy seguro, gracias a Dios nunca nos pasó nada. Unos cuantos sustitos, pero todo bien. Sentí el deseo de orar alrededor de la mata y le dije a Niki y a David, oramos, reprendí, de pronto se oye un grito horrible. Abrimos los ojos, y dijimos: ¿que fue eso? Niki dijo: a lo mejor los muchachos de la escuela que ya salieron. Salí y miré alrededor, pues la escuela quedaba cerca del restaurante; todavía no salían.

Le dije a Niki, si el señor te vuelve a decir que le des la mata se la das, y nos quedamos con el tiesto-maceta, está bonito. Los clientes se desaparecieron y esa semana estuvo muy triste; ni el cliente que quería la mata vino. Le digo a Niki, si te pide la mata se la das con todo y tiesto- maceta. Así fue y el señor se la llevó. Y no lo volvimos a ver por un tiempo. Como a los 3 meses apareció y Niki le pregunto que le había pasado. Él le dijo, me ha ido muy mal, mi esposa y yo nos divorciamos y la cosa está mal.

El siguió viniendo. Después de eso me di cuenta de que cuando uno recibe algo y piensa que le han hecho algún trabajo, lo quema, lo rompe y lo echa a la basura. Quizá fue coincidencia. La maldad existe. Y la envidia peor.

Hacía unas semanas que no veía a Sussy, y fui a visitarla y le comenté lo de la mata. Ella me dice eso no se oye bien, tienes que rezarle a este santito que se llama... y no se recordaba del nombre. La nuera de ella estaba en la cocina y la llama, le pregunta, ¿cómo se llama ese santito que se le pide para la buena suerte? La nuera le dice, no sé, suegra. Le digo yo, ay, Sussy tú sabes que yo no soy católica, yo no le pido a los santos. Tampoco creo en la buena ni la mala suerte. No me hizo caso y siguió tratando de recordar el nombre del santito. Vuelvo y le digo lo mismo y como no me hacía caso, le digo; mira Sussy, yo solamente le rezo a un solo santo. ¿Se me queda viendo-mirando, como extrañada y me pregunta cual santito es ese? Le digo yo, ¡a sancocho!, yo creía que se iba a reír y me mira muy seria y me pregunta, ¿quién es ese santito? Pues el caldo-sopa que te gusta cuando lo hago. Se llama sancocho. ¿No te acuerdas? Ay, Nydia, que loca eres. Y nos reímos. Nunca recordó el nombre del santito.

Un día teníamos a Delia, otra vez de mesera, méxicoamericana-tex-mex que llegó al restaurante a comer y teníamos mucha gente y la pusimos a trabajar. Teníamos una mesa llena de pastores puertorriqueños que habían venido a una conferencia a nuestra iglesia. Le preguntan a Delia si tenemos algún especial y ella le dice, si, hoy tenemos "sanchocho". Cuando yo oigo la risa en el comedor voy a ver qué pasaba y todos dijeron muertos de la risa, sí, eso es lo que queremos. Delia no sabía porqué se reían, se le queda viendo a Niki y le pregunta, ¿que dije? No sé, ¿qué le dijiste? yo solamente le dije que hoy tenemos "sanchocho", ¿no se dice así? Niki le abrió tremendos ojos, yo me regresé para la cocina. Niki le dice, no, Delia, se dice sancocho. Después nos reíamos en cantidad. Niki le quiso cambiar el nombre y le dije que no, esta vez no le cambias el nombre al sancocho! ¡Estás loca!

Teníamos esta mesera puertorriqueña que un cliente le pidió un desayuno y le dijo, quiero los blanquillos… Ella no lo dejo terminar y le dice, lo siento, pero aquí no vendemos eso. Él se le queda viendo y ella le dice, bueno déjeme ir a preguntar. Me dice, oye, Nydia, hay un cliente ahí que quiere algo que se llama blanquillo, yo le dije que aquí no vendemos eso. Oh no, chica, eso quiere decir huevos, cógele-tómale la orden. Ese fue otro chiste.

Le di trabajo a esta señora que le gustaba comer y tomar jugos que ella se inventaba y comida saludable, que cocinaba, eso nos dijo. Según ella eran muy nutritivos. Todas las mañanas venía con un jugo diferente. Un día nos ofreció y nosotras por no decir que no, le dijimos, solamente un poquito. Cuando Niki lo probó, abrió tremendos ojos y le dijo, ¿qué es esto?, ¡ay, lo siento, esto no me gusta! No dejaba de abrirme los ojos, para que yo no lo tomara. Yo, como ella era tan melindrosa-chavona para comer cosas nuevas, pensé, puro teatro. La señora me mira y me dice, pruébelo, señora le va a gustar. ¡Cuando yo pruebo eso, como decimos los puertorriqueños sabia a centella! En vez de decir como Niki, me dio pena, me lo tomé y le dije que sabía bueno. Niki me abre tremendos ojos, se dio la vuelta y se fue para el frente. Cuando la empleada se fue, pues trabajaba cuatro horas solamente, en cuanto Niki tuvo tiempo me dice; oye de verdad que tú comes hasta estiércol si te dan. Tampoco dijo eso. Estaba horrible, no sé cómo te tomaste eso. ¡Me empecé a reír y le dije, muchacha, eso sabía a centella! ¿Y por qué te lo tomaste; me dice? ¡Por tu culpa! no quería que se sintiera mal. Después que abriste esos ojos y la mueca que hiciste me dio pena decirle que a mí tampoco me gustó. ¡Creí que estabas haciendo teatro, zángana! La cosa fue que por una semana me estuvo trayendo el jugo. Uno para mí y otro para ella. Hacía que lo tomaba y cuando ella no me estaba viendo lo tiraba-botaba poco a poco por el fregadero que teníamos para lavarnos las manos. Hasta que le dije que ya no me trajera más, porque, como que los vegetales me hacían mal. Me imagino que le sale caro con tantos ingredientes que le echa, le dije. No hallaba que decirle. Niki se reía porque me decía, ¿ves?, por mentirosa-embustera, y no decirle de una vez que no te gustó, como yo, zángana! Del jugo hizo Niki un chiste, todas las amigas se enteraron. Como digo yo, la risa no pudo faltar.

La mamá de la esposa de David, mi hermano, Margie, hacia un pique-chile que picaba como centella. Le dije a David que, si me mandaba uno, porque Sussy me decía que a ella no había chile que le picará-enchilara. Le dije del pique de la mamá de Margie, que me iban a mandar uno. Llega el chile, llamé a Sussy, vino a comer con Pedro. Le serví el pique en un vasito pequeño con un solo ají-chile y un poquito del agua del chile. Porque ya yo lo había probado, solamente el líquido. Me lo puse en la lengua y le digo a Niki, oye esto no pi... ca. ¡Eso estaba picoso-picante como centella! Empecé a tomar agua y no se me quitaba lo caliente. No le dije nada a Sussy, porque para mí la pimienta me pica. Sussy le vació el caldito a toda la comida y le pegó una mordida al chile, era como de reacción tardía, me abre tremendos ojos y dice, ¡jijo de la chingada! ¡Esto no se puede comer! ¿De qué está hecho este chile? Yo, no sé, Margie dice que su mamá lo tiene que hacer en luna llena, que tiene un proceso que dura cierto tiempo. Y en Puerto Rico le llaman el ají de la puta de tu madre. Porque el que lo come o lo prueba, te mienta la mamá, por no decirle que está extra picoso. Sussy ya no quiso, Niki le decía, ¿quieres chile, Sussy? No, eso no hay quien lo coma, eso está embrujado, decía. No que no hay chile que te enchile, que pasó. Sussy como siempre se reía. Niki les ofrecía a los clientes que siempre pedían chile y les explicaba que era extremadamente caliente. Venía el cartero, anglo, a comer-almorzar todos los días, quiso probar el pique y se echó uno en la boca lo empezó a masticar y como digo, la reacción tardía llegó y el pobre hombre no sabía qué hacer. La cara se le puso roja, se tomó todo su té. Niki lo estaba mirando para ver su expresión y él le enseña el vaso para que le traiga más té; no sé cuántos tes se tomó. No podía casi ni hablar. Con eso y todo dijo que le gustó. Pero era muy caliente para él. Que lo mandara a envasar y lo vendiera, que me iba a hacer rica.

Gerry me trajo unos amigos de Austin a comer, ellos querían

probar de toda la comida puertorriqueña. Eran como 15 personas; vinieron casi para cerrar, Gerry no me había dicho, llegaron de sorpresa y Gerry los invitó a comer. Me llamó, que si podían venir, le dije que sí. Niki me había ayudado a recoger y limpiar la cocina. Cuando ordenaron, me metí a la cocina y les preparé todo lo que pidieron. Probaron el chile de la madre y no pudieron soportarlo. También me dijeron que me ayudaban financieramente para que lo envasara. Les dije que no era mi receta y la señora no se la daba a nadie. La miss Niki no me ayudó y tuve que hacer todo yo. Niki venía y se llevaba los platos. Cuando terminé y viene Niki a decirme que me querían conocer, me abre tremendos ojos y me dice, ¿qué te pasó chica?, tienes harina en el pelo, la cara, el delantal, el piso... Parece que pasó una tormenta. ¡Me dejaste sola, zángana! Me empezó a sacudir con una toalla pequeña y la risa no faltó. No podía ir al baño porque tenía que pasar por donde estaban ellos.

No sabíamos qué hacer con el chile. Enrique que comía chile, dijo, no gracias. Vino un macho mexicano, como decíamos Niki y yo. Él se los terminó, uno a uno, con un poquito del caldito, y bastante agua. Le decía a Niki que nunca había comido un chile tan picoso como ese, pero que estaba sabroso-rico.

LA CONTRASEÑA

Cerrábamos a las tres de la tarde, un día entró esta persona un poco extraña, parecía de ganga, como decía Niki, eran como las dos y media, no había nadie en el restaurante. Niki fue a llevarle el menú, él, muy serio, le dice, todavía no. El fulano parecía nervioso y mirando para afuera cada rato, como que estaba esperando a alguien. Sussy, mi amiga, ese día fue a ayudarme en la cocina. Viene Niki y me pregunta, ¿y fulana va a llamar? Y yo le digo, ¿y por qué va a llamar? Me pregunta de nuevo yo le contesto igual. Me abre los ojos bien grandes y me pregunta otra vez entre dientes. ¡Me recordé porque me decía eso! Era la contraseña que teníamos si ella veía algo mal en el comedor. Le digo a Sussy, ella agarra un cuchillo grande, yo me voy para el frente, yo creía que Sussy venía detrás de mí con el cuchillo y lo que hizo, la sinvergüencita, se salió por la puerta de atrás. Cuando yo voy para el frente, le digo a Niki, si, fulana llamó y ya viene para acá, el muchacho se levanta y se va, Niki cerró la puerta con llave. Y me dice, no lo puedo creer que se te olvidara la contraseña, ¡Zángana! Nos empezamos a reír. Fuimos a la cocina a ver dónde estaba Sussy, estaba afuera pegada a la pared con el cuchillo. ¡Oye! ¡Yo creía que nos ibas a defender! ¡Y lo que hiciste fue que te saliste! ¿Pa' qué quieres ese cuchillo? ¡¡Con una fregada yo no me iba a quedar ahí!! Me dice. No sabía por qué se había llevado el cuchillo con ella.

Después nos reímos de la contraseña y el cuchillo. Niki le decía a todo el que la oyera no hagas una contraseña con Nydia, porque te matan y ni cuenta se da. Les decía lo que había pasado.

Vino Sussy otra vez a ayudarme, estaba cuidando al nieto y se lo trajo con ella. El nieto se quedó en el comedor mientras Sussy me ayudaba en la cocina. Al rato me dice Niki, algo raro está pasando los clientes no me están dejando propinas. Déjate de estar regañando a los clientes, le dije jugando. Casi para cerrar, vuelve Niki y hace el mismo comentario y cuando ve que el nene-niño tiene un montón de pesos en las manos. Ella le dice, *¡Wow!* Tienes mucho dinero. ¿La abuela rápido le pregunta, ¿de dónde sacaste ese dinero? Él le dice, de las mesas y es mío. Niki, rápido se los arrebata de las manos y le dice, ¡pues mira que no, es mío! El nene se quedó muy calladito, la abuela lo regañó. Alguien vino por Sussy y cuando iban saliendo, se voltea el nene y le dice, Niki *picky*. Entonces sí nos reímos. Niki tuvo cambio de nombre, Nikipiky. Se enteraron todas las amigas.

Tenía una "amiga" que le dije mis intenciones de abrir un restaurante. Enseguida me dijo, lo abrimos juntas. Ese no era mi pensamiento, yo siempre pensé que yo no iría a medias con nadie. Las medias son para los pies. Si me va bien, bien; si me va mal, bien. No tengo que llevarme a nadie conmigo. Así le dije a mi amiga y parece que todo quedó bien. Como empecé el restaurante casi sin dinero, algunas de mis amistades me ayudaron por comida, como decían ellos. 'Mi amiga' quería trabajar, cuando le dije que lo sentía mucho, pues ni yo me estaba pagando todavía, tampoco Carol ni Niki, ella me dijo que no le tenía que pagar, que ella me quería ayudar. Yo le dije si todo va bien y me quieres seguir ayudando te pongo en la nómina. Me ayudó por unos meses en la cocina.

Teníamos un cliente que era marino mercante y cuando el barco llegaba a Corpus Christi, los días que estaba en el pueblo venía todos los días a comerse un mofongo con carne frita, camarón, o solo con un caldo de pollo. Yo se lo hacía; un día estábamos muy ocupadas y le digo a mi "amiga", puertorriqueña también, que lo hiciera ella. Le hizo un mofongo que el hombre no se lo comió. Como la cocina era pequeña, podía ver el fregadero y siempre yo trataba de ver cómo venían los platos y me daba cuenta si se habían comido todo o no. Cuando venían con casi toda la comida le preguntaba a Niki, oh, oh, ¿qué pasó Niki?, parece que no les gustó la comida. Casi siempre me decía, no, es que fue un nene-niño, que los padres les ordenan lo que ellos quieren y después lo dejan todo. Ese día fue el plato del mofongo y yo sabía que ese cliente se comía todo. Le pregunto a Niki. No sabía porqué, pero noto que el mofongo tenía la pimienta en bola-entera. Le pregunto a mi amiga y me dice, ¡¡hey!! ¡¡Yo lo hice igual que tú y si no le gustó, que no venga más!! Oh no, chica eso sí que no, si así tratamos a los clientes se me va a caer el chinchorro, ¿qué tienes? Después que ella se fue me dice la tortillera, ella no lo hizo como usted. Usted fríe el plátano dos veces, y no le pone pimienta. No le dije nada.

Un día hablando de la mala gente y los envidiosos yo hice este comentario: una cosa sí les digo, el que me quiera hacer mal, le va a ir peor de lo que me quieren hacer a mí, como yo no lo recibo, se le va a devolver a esa persona y peor. ¡Porque ay de aquel que le toca la niña del ojo a un siervo de Dios, va a ver consecuencias! Ella estaba allí y me oyó. Al otro día me llama muy temprano diciéndome que ya no iba a volver porque le quedaba muy lejos y cuando llegaba a la casa no le daba tiempo de hacer sus cosas. Que me deseaba lo mejor. Seguimos siendo amigas, pero nunca vino al restaurante. Niki me dijo, mejor, porque cuando ella hace los pasteles come más carne que lo que les pone a los pasteles. Te quería decir, pero no quería ponerla en mal. En ese tiempo Niki ni yo sabíamos hacer pasteles. Ella se ofreció a hacerlos. Se estaban vendiendo bien. Aprendimos y nos quedaban mejor que los de ella. Tan buenos que una vez una clienta que nos ordenaba por docenas los pasteles, nos llamó el esposo de ella para decirme lo que le había pasado. Llega a la casa y la esposa le había dejado la comida en la estufa: arroz con gandules, que lo hizo Niki, con un pastel y un 'caldito' que estaba riquísimo. Cuando llega la esposa él le dice que el caldo que le dejo estaba muy bueno. Ella no sabía de qué caldo hablaba, fue a ver y era el agua donde cocino los pasteles. Te estoy llamando para decirte que esos pasteles estaban tan buenos-ricos, que hasta el agua donde los cocinó Estela me la tomé como un caldo, me dice. Ese fue otro momento que le decíamos a todo el que nos oyera, de lo bueno que eran nuestros pasteles.

Al restaurante vinieron gentes de la política, muchos militares que, cuando los mandaban para otros países, cuando nos decían, se llevaban algunas tarjetas del negocio, cuando se enteraban de que algunos venían para la base de Corpus Christi o Ingleside, le daban las tarjetas del restaurante. Vinieron soldados que estuvieron estacionados en Japón, Corea, aquí en USA, etc. recomendados por otros soldados.

Teníamos de visita a unos primos de México. Antes de irse

pasaron por el restaurante. Ese día Niki se creía que era mi mamá. Cuando se ponía majadera y me empezaba a dar órdenes, yo le contestaba con un saludo militar, *yes, madam*, ¡sí madama! Ese día estaba alzà, como yo le decía. Quién sabe qué tantas veces le dije *madam* y discutimos. Cuando los primos se despidieron para irse, Niki estaba en la cocina; el primo me dice, que los despida de la señora Madam. Le pregunto, ¿señora Madam? ¿Quién es esa? Su amiga que estaba aquí. ¿No se llama Madam? ¿Qué quiere decir Madam? Ellos no hablaban inglés. No, esa es Niki, le digo así porque algunas veces se cree que soy su sirvienta. Madama, quiere decir una mujer que molesta más que un panti de lata. ¡O que se yo! Entonces cada rato le decía, mira *madam,* ¡estate quieta! Yo aprendí eso de mi amigo en Puerto Rico. Fue de vacaciones a Santo Tomás, una de las islas cerca de Puerto Rico. Me mandó una postal diciéndome que le había tocado una madama al lado de su cuarto, que roncaba más duro que un carro sin carburador, no lo dejaba dormir. Creo que es una palabra francesa y significa señora.

LA CAÍDA

Ya habíamos cerrado por el día. Niki estaba contando el dinero. David barrió y se fue con Carol; ya estábamos solas. Yo empecé a pasar mapo, en una, muevo una mesa y la empujé para ponerla en su sitio y se me resbaló el pie y me caí encima de la mesa, exactamente encima de un salero de esos pequeños. Todavía lo tengo, le hice una hendidura. Vi las estrellas, no pude ni gritar, le pegué con mi barbilla que creía que me había tumbado los dientes. Me tocaba los dientes con la lengua, mi cuello me dolía en cantidad. Veo a Niki a ver si me está viendo y ella estaba muy ocupada contando el dinero que ni cuenta se dio. Cuando me enderecé creía que me iba a desmayar, me fui derecho al baño a ver si tenía dientes o sangre, cuando veo mi chiva-barbilla se me había hinchado, voy donde Niki casi llorando, cuando me ve me dice, ¡¿qué rayos te pasó, chica?!, te pareces a Jay Lenno y empezó a reírse. ¡¡No te rías!! ¡¡¡Me acabo de caer, canto de zángana!! Le explico lo que me pasó casi llorando porque el cuello me dolía mucho. Y como quiera, seguía riéndose porque mi chiva ya estaba más grande. Después, yo me reía también, debajo de los ojos se me pusieron negros por bastantes días.

Niki les contaba el “chiste” a los clientes y me llamaba para que me vieran. Se parece a Jay Lenno, les decía. De por sí mi chiva-barbilla se parece a la de él en versión chica. Yo les decía, ¡es cierto me caí encima del salero y se lo enseñaba, no crean que mi esposo me pegó! Ese era otro momento de risas. Cuando me vieron en la casa no podían creer lo que me pasó. Igual en la iglesia. ¡¡¡En un salero!!! ¡Que por poco me mata!

LOS PAPELES

Tenía que ir por unos papeles a las oficinas del IRS y fuimos, cuando nos bajamos de la van, como ella era bajita, yo traía unos papeles que necesitaba y estaban en la parte trasera, me fui para detrás de la van, Niki se fue por el frente y no me vio y empezó a llamarme, Nydia, Nydia, ¿dónde estás? No me dejes sola, tú sabes que yo no miro-veo, me regreso para el frente y ella se regresa para atrás por el otro lado y yo llamándola Niki, Niki, ¿dónde estás, chica? Parecíamos los tres chiflados.

Volteamos y vemos unos trabajadores de la ciudad que estaban sentados en la grama-zacate, en el lonche-almuerzo, muertos de la risa. Ella caminaba para detrás de la van y yo para el frente. ¡Hasta que le dije ya no camines, chica, y déjame ir donde ti! ¡Siempre me dejas sola y sabes que yo no miro-veo! No ves, le decía yo. Ya sé que no, Mrs. Magoo.

LA BATALLA COMIENZA

Como al año de estar abiertos, un domingo, que era el día que cerrábamos el restaurante, después de la iglesia, la lleve a su casa, Se fue con la cuñada al *mall*. Allí le dio deseos de ir al baño y cuando fue orinó sangre que no se le paraba. Se fueron derechitas al hospital. La ingresaron y le encontraron unas manchas en la vejiga. Después de varios exámenes, dijo el doctor que era cáncer y que necesitaba operación. Nos pusimos en oración, cuando la operaron no encontraron cáncer. Eso fue un milagro. El primero de muchos que escribiré. Todo salió bien al parecer... La batalla simplemente empezaba...

PRIMER VIAJE MISIONERO

Seguimos con el restaurante, la familia y la iglesia. Un fin de semana fuimos a Matamoros, México, a un orfanatorio donde muchas iglesias estaban ayudando. Fuimos con los copastores de la iglesia, incluyendo David. Teníamos muchas cosas para llevar, entre ellas, una bolsa de basura llena de calzoncillos de niños, que me regaló mi prima Olguita, de niños que ella cuidaba de *fosters* que ya no les servían. En ese sitio, había como 100 niñitos. Algunos de ellos empezaron a abrir las bolsas y la primera bolsa eran los calzoncillos. Los ojos de los niños se abrieron, miran a la señora y le dice un niño, ¡hermana! ¡Mire! esta mañana oramos para que el Señor nos mandara calzoncillos y aquí están! Los niños empezaron a alabar a Dios y darle gracias, como si hubieran sido adultos. Un niñito hizo una oración preciosa que nos hizo llorar a todos, parecía un adulto. Nos trataron muy bien. Nos enseñaron el lugar, era una escuela que estaba abandonada y parecía que todavía estaba así. No sabíamos que no tenían agua adentro —solamente una llave de agua afuera—, ni luz. Tenía que ir al baño y le dije a una hermana de allí, me dio un bote-contenedor de 5 galones y me dijo que le echara agua —me tardé en cantidad pues echaba un chorrito de agua, de suerte que no se me salió—, que hiciera lo que iba a hacer y que le echara el agua al inodoro. Así lo hice. Al rato viene Niki y me pregunta dónde están los baños, le digo y le doy el bote, ¿y esto para qué es?, me pregunta. Le digo, y dice, ¡yo no voy a hacer eso! Niki no hay agua adentro, ¡tienes que hacer eso o te meas encima! Tú tienes que traerme el agua porque yo soy vieja y no puedo cargar toda esa agua, me dice. ¡¡Ah, si eres vieja cuando te conviene!! ¡Canto de lista! Le traje el agua. ¡¡Y se la tuve que echar al inodoro!!

Nos llevaron a ver la iglesia, que le estaban construyendo los Bautistas que iban todos los años. Todavía no tenía puertas ni ventanas. Les habían regalado unas cabras y cabros, gallinas, ellos creían que era el mejor sitio para hacer sus necesidades. El hermano que nos estaba enseñando la iglesia se disculpa, y Niki le dice, no se preocupe, traiga la manguera y lo lavamos. Niki, le digo bajito, ¡la única agua que tienen es esa llavecita que no le sale casi agua y van a tener manguera! ¡Oops perdón!, le dice ella. No se preocupe hermana, le dice él.

Nos íbamos a quedar allí con ellos, cuando le recordé a Niki. Ella me dice, ¡oh no! nos tenemos que ir hoy, ¡yo aquí no me quedo! ¿Dónde vamos a dormir? En el piso, le dije, nos van a dar unas colchas. No, yo me quiero ir ahora. Ya eran como las cinco de la tarde, nos habían hecho comida-cena, aunque les dijimos que no cocinaran para nosotros. Les habíamos llevado comida-mandado también. Insistieron, comimos y nos fuimos. No teníamos dinero para un hotel. Llegamos tardísimo. Le digo a Niki, lo siento tú no vuelves más con nosotros, no sirves para misionera, ¡zángana! Yo puedo ser misionera si tengo una cama, agua, luz, ah, y aire acondicionado. Se empezó a reír, estás despedida de misionera, Le dije. El primero y último viaje de misionera que hizo Niki.

EL VIAJE A PUERTO RICO

Niki era tremenda, si hacía mucho calor o frío, se ponía majadera. Las amigas de la infancia de New York la invitaron para ir a Puerto Rico, estaba muy contenta. Iría a conocer Puerto

Rico por primera vez y todo iba bien hasta que llegaron a Puerto Rico. El calor por poco la mata, como decía ella. No quería salir del hotel, las amigas se fueron solas. Rentaron un carro y la dejaron, solamente salían en la noche con ella. Se quedaron en San Juan y me imagino que con los ojos de ella no vio mucho. Traía a las amigas locas. La habían invitado para un crucero y le dijeron que lo sentían mucho, pero ella no iba con ellas para ningún sitio. Cuando me contó Niki su experiencia con ese "chorro de viejas", como me dijo, me dice, pues que se vayan pal #$%**. ¡¡Niki déjate de estar hablando malo!! ¡¡No vas a ir al cielo!! Es que eres una chabona-molestosa, todo te cae mal y te crees joven, si estás tan vieja como ellas, ¡chica!; no quedó más remedio que reírnos. Te chavaste yo pa' Puerto Rico no te invito.

Un día fue a un baile con amigos del trabajo de Raúl, cuando van entrando, le dice a Raúl, ay, esto está lleno de viejos, mira todos están llenos de canas. Raúl le dice, están viejos como nosotros. Yo no, le dice Niki. Tú no porque te pintas el pelo. Raúl me contó eso. Ya ves Nydia, ella se cree que es joven, me dice. Le creo Raúl, y nos reímos.

EL VIAJE AL VALLE

A la iglesia vinieron varias personas mexicanas. La iglesia era grande y tenía unos cuartos donde le dieron asilo. Parecían muy buenas personas, se les ayudó mucho, algunos de ellos consiguieron trabajo. Las mujeres tenían una historia que daba pena. Una de ellas como al mes de estar aquí, murió de un cáncer terminal. Niki y yo nunca habíamos oído la palabra ilegal, oíamos la palabra mojados. Después de varios meses, un "hermano" me dice que si puedo llevarle un dinero a un primo que vive en el valle que lo necesita urgentemente. Como yo siempre estoy llevando a alguien algún sitio, yo creo que alguien le dijo, dile a Nydia. Yo le dije sí. Él me dijo donde llegar. Eran como las siete de la noche, llego a la casa, llamo a Niki y le pregunto que si quiere ir conmigo al valle; ella me dice sí. Raúl, su esposo estaba cerca de ella y Niki le dice que va a ir conmigo para el valle. Él dice: ¿mañana? Yo lo oigo y le digo a Niki, no, ahora. ¡Ahora! ¿Qué? Sí, después te digo, ella le dice a Raúl y él le dice, ustedes están locas. Fui por ella, le dije a lo que íbamos ella dice ok, ¡pobrecitos! Salimos como a las diez de la noche. La única persona que sabía a dónde íbamos era Carol y como ella no me hizo preguntas para qué necesitaban ese dinero y como yo no sabía tampoco... Yo solamente se lo iba a llevar al primo del "hermano". Llegamos como a la una de la mañana. Para nuestra sorpresa encontramos a uno de los "hermanos" de la iglesia que vino a decirnos que esperáramos un rato. ¿Por qué nos dijo que trajéramos el dinero si él iba a estar aquí?, me dice Niki. Quién sabe, le contesté. Nosotras asustadas porque antes que él llegara había en la calle gente caminando como si hubiera sido de día. Nos asustamos. Niki se metió el dinero en las medias-calcetines. Me dice, ponte esa gorra que está ahí para que crean que eres un hombre. Me la puse y me dice, quítatela, quítatela, que esas mujeres parecen prostitutas y van a venir a la guagua a pedirte una cita. ¡Ay, Niki!, ¿que hacemos?

Si no viene pronto alguien más nos vamos, le dije. La policía pasaba a cada rato y todavía no pensábamos lo que estábamos haciendo. Llega el "hermano" le damos el dinero, y ya nos íbamos a ir cuando me pregunta que si nos podemos llevar con nosotros una muchachita de 14 años que no se había podido ir con su mamá. Yo le dije que lo sentía mucho pero no. No sé por qué le dije que no; creo que fue Dios. El hermano no insistió, pero nos preguntó que si él podía ir con nosotras, yo le dije que sí. Cuando pasamos por la emigración estaba cerrada, eran como las 2:30 de la mañana. Cuando íbamos a mitad de camino, veo que de pronto se prenden unas luces yo creía que era la policía, eran unos agentes de inmigración. Yo creo que Niki se durmió. Me paro, le digo a Niki, habla inglés. ¿Qué?, me dice ella. ¡Habla en inglés!, le vuelvo a decir. Y ya estaban uno por mi ventana y otro por la de Niki. alumbrándonos con unas linternas. Bajamos la ventana. Nos dicen, ¿ciudadanas americanas? Sí señor, las dos dijimos. Le dicen al "hermano" que venía atrás; él dice no y le piden sus papeles. ¿Papeles? ¿Para qué? Niki y yo nos miramos. Ella después me dijo que ella miro para atrás cuando ellos le pidieron sus papeles y vio un ángel grandísimo con unas alas grandes también y elevó una oración: Señor, ¡ayúdanos! Nos preguntaron, ¿de dónde vienen? Del valle. Ok, se pueden ir.

Todo el camino íbamos muy callados. Llegamos a Corpus Christi como a las 5 de la mañana. Dejé al "hermano" en la iglesia, llevé a Niki a la casa y me fui a la mía. La próxima vez que hablé con ese "hermano", ya nos habíamos dado cuenta lo que habíamos hecho y estábamos furiosas. El sinvergüenza hombre me pide otra vez que si podía llevar otro dinero al valle. ¿Por qué?, le pregunté, y me dijo que los coyotes se habían llevado el dinero y dejaron a la gente a mitad de camino. ¿Coyotes? ¿Qué es eso? ¿Y los coyotes atacaron a la gente?, le digo, como una idiota. Él me mira con una sonrisita y nos explica lo que quiere decir coyotes. Y como decimos en Puerto Rico se nos subió lo negro puertorriqueño y lo pusimos como nuevo. Le dije, no podemos creer que usted haya abusado de nuestra confianza y nuestra buena fe. ¡Y todavía tiene la cara de pedirnos que vayamos otra vez! Lo que me da gana es de acusarlos. Y le vamos a decir al pastor a ver que nos aconseja. ¡Ahí mismo en la iglesia! La próxima semana que fuimos a la iglesia se habían ido todos. En la iglesia se preguntaban que les pasaría a los "hermanos" mexicanos. Ni el pastor sabía por qué se habían ido. Nosotros no dijimos nada. Cuando le contamos a Carol y al pastor no lo podían creer. Mami, de verdad que Dios estuvo con ustedes, me dice Carol. Papi me preguntó por ti, como a eso de las tres de la mañana que se despertó y no te encontró en la cama, yo le dije fue para México y me eché la sabana en la cara y ni me moví, como que estaba dormida. Estaba un poco enojada con Enrique, porque cuando le decía que iba a hacer algo para la iglesia, siempre me decía; un día de estos me iba a llevar la cama para la iglesia, que si no había alguien más para hacerlo. Como yo creía que no estaba haciendo nada malo, no le pedía permiso. Aunque ya le había dicho a Enrique muchos años atrás que yo no le iba a pedir permiso para hacer lo que tenía que hacer, porque él no era mi papá. Le pediría su opinión y le dejaría saber a dónde iba. Si él creía que no debería de ir, debía tener una buena razón. Algunas veces me preguntaba si podía ir conmigo e íbamos todos. Nunca tuvimos problemas en eso. ¡Ups! Ese día se me olvido pedirle su opinión.

LA CONFERENCIA

Hubo una conferencia en la iglesia, a Niki y a mí nos tocó la cocina; cocinamos como para 100 personas. Otras hermanas tenían su trabajo que hacer. A esta hermana le tocaron las mesas, hizo unos arreglos preciosos de flores. Todo iba muy bien. Me di cuenta de que necesitaba otras ollas grandes, como vivía cerca de la iglesia fui a la casa a traerlas. Mientras fui, hubo algo en la iglesia entre la hermana que no nos quería y Niki. La hermana después que terminó sus arreglos le dice a David que la ayude. David, es una persona que siempre está dispuesta a ayudar. David tiene síndrome down. Muy inteligente. Pero, no le puedes dar varias cosas para hacer, te hace la primera y la última. Ella le dice recoge esto —los instrumentos que usó para los arreglos— y estas flores llévalas al cuarto de las gangas y tira estas a la basura. Y le enseñó los desperdicios. Bueno, David hizo lo primero y lo último y lo último era tirar a la basura las flores que ya no servían y los desperdicios. David tiró a la basura todas las flores. Cuando ella se da cuenta de lo que hizo David, se puso furiosa, e hizo un comentario que a Niki no le gustó. Especialmente decir: ¡este retardado hijo de Nydia mira lo que me hizo! Cuando Niki oyó eso, Niki estaba sentada en una punta de la mesa y ella en la otra, había varias hermanas en el medio de la mesa trabajando también. Niki la regañó, le dijo que por qué no recogió ella su reguero. Ella le contestó; estuvieron un rato Niki defendiendo a David y ella defendiéndose. David se asustó y casi quería llorar.

Niki le dice a David que no me diga nada hasta que se termine la conferencia. Le dijo que no se preocupara que él no había hecho nada malo. Yo noté algo cuando llegué con las ollas y pregunté qué había pasado, porque todas estaban muy calladas y yo sentía que algo no estaba bien. Niki me dice, no, no ha pasado nada. Cuándo iba a dejar a Niki, le vuelvo a preguntar, ¿qué pasó? Me cuenta todo lo que pasó. Quería regresarme e írmele y ponerla en su sitio, Niki me aconsejó que no lo hiciera, que ella ya la había puesto en su sitio. Le dije tantas cosas, me dice, que las hermanas que estaban sentadas cuando yo hablaba volteaban a verme, cuando ella hablaba volteaban a verla a ella. Muy serias y asustadas. Yo no le dije nada, pensé que haya una burra y no dos. Hasta nos reímos por las hermanas que volteaban a verlas. Nos acordamos de Germania, nuestra otra amiga, que un día fue a visitarnos al restaurante. Teníamos Niki y yo una discusión en la cocina al estilo de la madama. Cuando yo hablaba, Germania me miraba, cuando Niki hablaba ella volteaba a verla. Tenía la boca abierta y muy seria. Hasta que Carol vino y nos regañó, porque los clientes querían saber que pasaba en la cocina.

Le dije a David, no te preocupes, ya Niki la arregló. No estoy enojada contigo. Esa mujer es una idiota. ¡Me dio un coraje santo, no un santo coraje! Como decimos en Puerto Rico.

Ese día viene esta jovencita y pregunta que cuál es el menú, Niki le dice. Habíamos hecho dos carnes, arroz, habichuelas, varias ensaladas, postres y otras cosas más. La joven le dice, ay porque yo soy muy *picky*. A lo que Niki le dice: *oh well, you can pick from here or here*-puedes escoger de aquí o de allí, le señala la comida. Ese es el menú. La joven la mira sorprendida, se fue. No comió. A lo mejor creía que la íbamos a llevar a McDonald's. Para completar, era hija del pastor invitado a predicar.

EL VIAJE A SAN ANTONIO

Fuimos con el copastor de la iglesia, su esposa, David, nuestro fiel compañero, a San Antonio porque el pastor iba a predicar. Después del servicio fuimos a comer, y nos fuimos de compra a Garden Ridge. Nos separamos: David se fue con los pastores, Niki y yo nos fuimos a ver las flores y estábamos muy tranquilas, no había mucha gente. Había una empleada arreglando y poniendo flores nuevas al otro lado, cuando de repente se le sale a Niki tremendo aire. Abro los ojos y la veo y le digo ¡¡Niki!! Ella empieza a reírse y se le salió una trompetilla de aires. Yo veo a la muchacha al otro lado riéndose. Le digo a Niki, entre dientes, ¡ni te acerques a mí!, ¡yo no ando contigo! y me empecé a ir del lado de ella y ella me seguía, riéndose y tirando aires. ¡Y yo le decía vete del lao' mío! ¡No te conozco! Veo al otro lado y la muchacha nos estaba siguiendo, riéndose. Cuando vemos que viene David, el pastor y su esposa, él oye los vientos, él era militar, Niki también fue, se pone en forma y le dice con un saludo, ¡¡te saludo!! Dejamos las flores allí. ¿Quieres ir al baño?, le pregunto. ¡Porque esos fueron los telegramas que te mandaron los intestinos anunciando la llegada de tú sabes que! Todo eso entre risa y risa. Dijo que no, nos salimos y nos fuimos. Todo el camino de regreso fue reírnos. Ella disculpándose, no sabía de dónde habían salido tantos pedos. Como decía ella. Qué pedos ni que pedos, no te quieras hacer tan fina ahora, ¡¡¡eran bombas!!! Le digo yo, ¡¡qué bueno que no apestaron, puerca!! De verdad que nunca nos pudimos explicar de donde salieron tantos vientos. No fueron los primeros ni los últimos. Algunas veces al salir del carro salía primero con los pies y cuando se levantaba el trololò, como le decía yo, se le salían también. Yo le gritaba ¡¡puerca!! ¿Otra vez Niki? Ella solamente decía, lo siento, y se iba riéndose. Yo le gritaba, vete al baño puerca que yo creo que te ensuciaste, algunas veces apestaban. ¡Ay!, a mí no me importa yo soy vieja y a los viejos se le salen los pedos, decía ella. ¡Sí, pero ese me lo tiraste casi en la cara! ¿Zángana! ¡Puerca! David se reía en cantidad. Y movía la cabeza, y decía ay, ay, ay, ¡*Sister* Niki! Le decía yo a David, ¿te fijas que puerca es? Y nos reíamos.

Mi hermana Abigail también tuvo muchos problemas cuando empezó a ir a una iglesia hispana y había muchos miembros de otros países y no se entendían tampoco. Ella llevaba a esta viejita a la iglesia, de otro país. Ese día la llama para decirle que no podía ir a la iglesia porque no se sentía bien, tenía pedos. Era día de oración de las damas. Cuando preguntaron si alguien tenía alguna necesidad para oración, era el tiempo. Varias hermanas dijeron las de ellas y cuando le tocó el tiempo a mi hermana, ella dice; quiero que oren por la hermana Sarita que no pudo venir porque no se sentía bien, dice que tiene pedos. Las hermanas se miran una a la otra y querían reírse, pero no se atrevían, respetaban mucho a mi hermana. Abby se dio cuenta que a lo mejor dijo algo que significaba otra cosa. Ella siempre andaba con un diccionario y ese día se le olvido. En cuanto llegó a la casa, buscò que quería decir pedos y encontró esto: vientos, pedos, peo, flatulencia. Enseguida me llamó para decirme lo que le había pasado. Nos hemos reído en cantidad.

Otro día le dijo a otra hermana de la iglesia que estaba casada con un anglo que "sabía español", que se veía muy polla. El hombre la mira y le pregunta, ¿tú estás llamando *chicken*-pollo a mi esposa? No, le estoy diciendo que se ve muy guapa-elegante. En Puerto Rico, cuando te ven bien vestida y arreglada, te dicen, ay que polla, que polla te ves.

Fuimos a comer, Niki, David y yo. De ahí nos fuimos a Walmart. Teníamos como 30 minutos de estar allí y me dice, Nydia, llévame al baño que la comida me hizo mal. ¡Te dije que no comieras *ranch dressing*!, le dije. Vete tú, tú sabes dónde están. No sé, llévame que tú sabes que no miro-veo bien. También esa mujer se perdía en su cocina, no tenía sentido de orientación. Nos fuimos con ella, y ella diciéndome pronto, ¡¡pronto que creo que tengo diarrea!! ¡Llegamos al baño se mete, la esperamos afuera y sale riéndose y me dice vámonos que se me salió como un petardo cuando me iba a sentar y embarre el inodoro y la pared! ¡Vámonos, por favor! ¿Y apesto? Me pregunta. ¿Por qué?, le pregunto. Porque me ensucié —no dijo eso— los pantalones. Llévame para la casa. ¡Ponte al frente de mí, yo en el medio y David ponte detrás de mí! por si se me salió en el pantalón. Y así lo hicimos hasta llegar al carro. No sé porque dijo eso, el pantalón era negro. Yo no vi ni para el lado, se me hacía que nos estaban viendo. Gracias a Dios que tenía unas cajas vacías, porque Carol se estaba mudando de apartamento. Cuando se iba a sentar casi le grito. Espérate déjame abrir esta caja para ponerla en el asiento, no quiero que me ensucies —tampoco dije eso— el carro, canto de puerca, y nos empezamos a reír. Es que tú sabes que no puedo comer *ranch dressing*, me dice. ¡Y entonces pa' que diache te lo comes, chica!, ¡zángana!; le dije. ¡¡¡Contra, porque me gusta!!!, me dice. Cuando llegamos a la casa de ella se baja y me dice estos pantalones van pa' la basura, yo no lavo eso. Haz lo que te dé la gana, vieja cacona. ¡Vete a bañar!, le grité. Se metió a la casa riéndose. David como siempre ay, ay, *sister* Niki.

CHARLIE

Raúl le compro a Niki un perrito. Estaba lo más bonito.

Estaba yo en su casa y tenía una alergia tremenda ese día. Estaba estornudando desde que me levanté. Fui a casa de Niki y me empezaron los estornudos y Charlie que estaba al lado mío se dio un susto, que salió corriendo y se metió debajo de la cama. Niki me dice, ya ves lo que hiciste me asustaste a Charlie, ay. Embustera, no lo asuste ná', le dije. En eso sale Charlie de debajo de la cama, vuelvo y estornudo como siempre tres veces y bien alto y el pobre perro corre y se esconde otra vez. De ahí en adelante cuando oía a alguien estornudar se iba corriendo y se escondía. Niki decía que yo lo había traumatizado.

Charlie cuidaba bien la casa, un día vino un trabajador de la ciudad a medir el agua. En eso Niki abre la puerta de atrás, sale Charlie como un loco ladrando, ya estaba grandecito. El pobre hombre ya estaba a mitad del solar y no hallaba que hacer, ve a Niki y Niki le dice, ¡estornude!, ¡estornude! Ya casi Charlie estaba llegando hasta donde él, estornudó, Charlie da una vuelta y se mete a la casa corriendo. Niki le dijo, él le tiene miedo a los estornudos por causa de mi amiga que lo tiene traumatizado. Como siempre, enseguida me llamó para decirme lo que pasó.

Llévalo a un psiquiatra, le dije, y nos reímos.

Me pregunta un día sí quiero cuidar a Charlie. Quería ir con Raúl a Louisiana por una noche, le dije que sí. Ella quería que me quedara en la casa porque Charlie, en la noche iba a hacer su necesidad. Me quedé con Charlie, y el contrallao' perro quería salir a cada rato, ya me tenía cansada, cada rato venía a la cama y me despertaba. Era como un niño malcriado. Como a eso de las 3 de la mañana, lo saqué y como se tardaba en regresar, me fui a la cama, como el rasguñaba la puerta, pensé que lo iba a oír, ¿qué pasó? Me quedé bien dormida como hasta las 9 de la mañana. El pobrecito me estaba esperando en la puerta, cuando entró fue y se metió debajo de la cama y no quería salir. Cuando le dije a Niki lo que pasó, llama a Raúl, bebé, mira lo que hizo Nydia, ¡Esta despedida de niñera! ¡Qué mala eres, como me lo dejaste afuera! Lo que tienes que hacer es entrenarlo pa' que duerma toda la noche. ¡Perro engreído!, le dije. Yo creo que Niki se creía que era familia de Trump, despidiendo gente.

Otro día, Raúl estaba afuera en una escalera; se resbaló, se cayó, y por poco se mata. No podía levantarse, Charlie estaba afuera con él y venía y le lamía la cara, lo tocaba por el cuerpo y Raúl le decía, ve a traer a mami, ve a traer a mami. Y más lo lamía Charlie. Como pudo se levantó, entra a la casa lleno de hojas secas, sucio porque había llovido. Le dice Niki, ¿qué te pasó? Él le contesta, me caí de la escalera y le digo a este perro idiota, dijo otra cosa al estilo de Niki, *go get mami, go get mami*, ve a traer a mami, y lo que hace es lamerme la cara. A lo que Niki le dice: ¿quién te crees que es Charlie, Lassy? Ella siempre, cualquier cosa que le parecía chistosa o no chistosa, me llamaba enseguida. Nos hemos reído en cantidad y Raúl decía, a mí no me dio risa; ¡¡por poco me mato!!

Se prepara Niki su buen sándwich pensando ir a comérselo a la cama, para ver las noticias. Estaba sola, Raúl, jugando golf. Suena el "trimbre", como le decía ella. —Nunca aprendió a decir timbre—. Ella deja el sándwich encima de la cama, va y contesta el timbre, la persona que llegó, no la dejó pasar, porque creía que se iba a ir pronto. Habló más que un perico, Niki solamente pensando cuando se va a ir esta vieja, me estoy perdiendo las noticias y tengo hambre. Cuando por fin se fue, va para el cuarto y ve que de su sándwich solo quedaba la rebanada de tomate que le puso, a Charlie no le gustaba el tomate. Charlie se lo comió y estaba metido debajo de la cama. Me llama furiosa y me dice, ¿tú sabes lo que este @#$%& Charlie me ha hecho?, ¡me comió mi sándwich! Me dice lo que pasó, fue por culpa de esa @#$%&... No la dejé terminar. Le digo, mira cállate la boca y no sigas hablando malo, que no vas a ir al cielo, ¡¡contralla!! La culpa es tuya, no tenías que ir a contestar la puerta, ¡¡zángana!! ¡Me alegro de que se halla comido el sándwich! Nos empezamos a reír, ¿qué más podíamos hacer?

MISS PRIZY

Aparece Niki con un pajarito para mí. Con todo y jaula. Me dice, le dije a Raúl que te lo comprara para que te entretengas con él o ella. No sé qué será. Yo le había comentado que me gustaban mucho los pajaritos. Era un periquito amarillo lo más lindo. Lo enseñé a bailar cuando ponía los coritos, nos entretenía a David, a Diana y a mí. A Niki, ni se diga. Al que llegara le dábamos un espectáculo. Cuando yo llegaba a la casa se ponía bien contenta. Le puse por nombre Miss Prizy, el vecino de cruzar la calle criaba muchos pajaritos y nos dijo que era hembra. Cuando me mudé de la casa, se la regalé al vecino, Niki me dijo que se la diera al vecino porque no aceptaban ninguna clase de mascota en la casa que rentamos. A las cuantas semanas me dice Niki que Miss Prizy se había muerto y que el vecino creía que se había suicidado, porque estaba muy nerviosa y volaba dentro de la jaula como que se quería salir. Me dice Niki, canto e mala, por tu culpa se murió! ¡Ya no te voy a regalar ná'! ¡Yo empecé a llorar y le dije, no digas eso! ¡Tú sabes por qué fue, zángana! Tú tampoco la quisiste. ¡Ay, porque a Charlie no le gustan los pájaros! ¡Es tu culpa también!, le dije. Ya no me regales nada más que esté vivo. ¡Canto de zángana!

EL RESTAURANTE

El restaurante duró dos años, y no lo cerré porque no me fue bien, la dueña del restaurante me dijo que ella me vendía esa parte que tenía tres negocios más. Ella se había dado cuenta que me estaba yendo bien. Niki, también me decía que no lo hiciera. Por problemas familiares pensé que era la única opción. Sé que hice un error. Como dice David, cuando hablamos del restaurante y digo no lo debí de cerrar. Me dice, *Mom, remember that's water under the bridge*. Eso es agua debajo del puente. Ese fue un dicho que le dije un día por algo que me dijo y jamás se le ha olvidado. Lo veo y le digo, David... Él me dice muy serio, tú me enseñaste eso. Y nos reímos.

Estamos todos en el restaurante, incluyendo el muchacho que lavaba los platos y la tortillera. Empezamos a hablar de las cosas raras que pasaban ahí, cuando él me dice, miss Nydia, yo no quería decirle, mi mamá me dijo que no le dijera, pero como ya va a cerrar, le voy a decir, mi mamá trabajó en este sitio, era un restaurante que duró muchos años, hacían mucha brujería. Y trabajaban con la magia negra.

La dueña del negocio me había dicho la historia de ese restaurante, que duró más de 20 años, pero no esa historia. Esto digo yo, yo creo que hacían eso, para que el IRS no se diera cuenta que no pagaban los impuestos. Un buen día vinieron y les cerraron el restaurante a mediodía, sacaron a todos y el restaurante quedó cerrado con todo adentro. La dueña del lugar estaba de vacaciones y no se dio cuenta hasta que regresó. El lugar estaba lleno de gusanos, todo dañado en las neveras. Fueron presos porque nunca pagaron al IRS. Creo que la brujería no le resultó.

Entonces, me dice la tortillera, bueno yo tampoco quería decir nada, pero le diré lo que pasó aquí cuando yo trabajé, no en el primer restaurante, en uno de los muchos que ha habido desde el primer restaurante. Yo fui tortillera también en ese negocio. Le voy a decir, porque no quise trabajar cerca de la ventana y le pedí que la tapara con papel de aluminio. Esa ventana era donde pedían las órdenes, había esta muchacha trabajando aquí. Un día que ella estaba tomando las órdenes, vino el novio y la mató a tiros. Y como han descrito la mesera que no es, esa es la mesera que mataron aquí. ¡¡¡AY cucuy!!!

No sé porque a Niki ni a mí nunca nos dio miedo. Solamente me daba como un friíto. Yo los reprendía y les decía, si están aquí para cuidarnos, bien, si no, en el nombre de Jesús los reprendo y se van de aquí.

LA IGLESIA

Dejamos de ir a la iglesia por un tiempo. Un día decidimos buscar una iglesia. Acababa de abrir el restaurante y encontramos iglesia. También fuimos muy activas en la iglesia.

Hicimos una fiesta de Navidad en el Restaurante con nuestro nuevo pastor y la nueva congregación. Celebramos los 69 años de Niki, donde vinieron sus hermanos de New York y Florida, sus hijos, Raúl, etc. *¡Wow!*, estaba el restaurante que no había donde sentarse. Gozamos en cantidad. Le celebramos el cumpleaños a David, el mío y otras fiestas más. Todo eso después que cerrábamos.

Cuando cierro el restaurante, seguimos en esa iglesia un tiempo más. Y como decía aquel que decía, como quiera que me ponga, siempre tengo que llorar. Todo lo que hacíamos, siempre había un pero, con una hermana de la iglesia. Pero, como lo que hacíamos era para la Gloria de Dios, y el pastor lo aprobaba, seguíamos ayudando.

Una vez el pastor y su esposa salieron de vacaciones. En la iglesia habían hecho unas reparaciones, y dejaron madera en los pasillos que iban para el baño, en el comedor. Por fuera, la iglesia y se veía sucia y fea. A mí se me ocurre otra "idea", le digo a Niki, ¿qué tal si le decimos a los hermanos de la iglesia que le cocinamos, si nos ayudan a limpiar la iglesia, pintar los baños, etc.? Así lo hicimos, les cocinamos, a ellos les encantaba la comida de nosotros. Formamos un grupito, y manos a la obra. Los que no pudieron ayudar, donaron, cortinas para los baños, arreglos, jabón, toallas para cuando hubiera bautizos. En la iglesia había unas pinturas en el cuartito de las "ganas" como le decía Niki, nunca pudo decir gangas, era un cuartito que abríamos los sábados para vender cosas que nos donaban o que donábamos los miembros. Hacía tiempo que no vendíamos y fuimos a ver qué podríamos usar para los baños y un cuartito frente al baño de las mujeres que estaba vacío. Encontré una butaca que se veía lo más bonita, una mesita y otros adornos más. Después que los hermanos pintaron los dos cuartos de baño, los limpiamos bien bonitos, nos pusimos a decorar. Bien comidos y no pagados, pero lo que se hace para Dios siempre es bien pagado. La butaca quedo preciosa en la salita de espera con una mesita al lado y otra en el medio. Un florero con flores. Una cortina en la ventana. Limpiamos bien los pisos, también pusimos cortinas en unas ventanas que tenía el pasillo para los baños. Estaba la salita de espera y después seguía otro pasillo que se pintó y lo adornamos bien bonito también. Estábamos en ansias esperando el regreso del pastor y su señora. Cuando fueron a la iglesia, le expliqué al pastor lo que habíamos hecho, se puso muy contento y le dimos el tour. A él se le salieron las lágrimas y nos dio las gracias. Con una de las hermanas que estaban allí, fue otra historia, porque cuando vio el cuarto de espera, todas las cosas que estaban allí, eran de ella que las había puesto en la casita de las gangas, hasta que encontrara sitio en su casa. Se puso bien enojada y no dijo nada en ese momento. Y como dice el dicho, no explican y si lo explican lo complican... Cuando nos enteramos Niki y yo, no sabíamos qué decir. Nos disculpamos y nos dijo que nosotras no teníamos permiso de haber hecho lo que hicimos. Le dije yo, para tu información, esta iglesia es de todos y no hemos hecho nada para poner la iglesia en vergüenza. Al pastor le gustó y hasta las lágrimas se le salieron. Si quieres saca tus cosas que usamos y llévatelas para tu casa, el cuartito de las gangas es para vender lo que hay ahí o usarlo para la iglesia. No es almacén. Creo que se le pasó el coraje porque todo se quedó donde lo pusimos. Yo creo que nos gustaba la mala vida, porque nos quedamos en esa iglesia, unos cuantos años más. Aunque cuando nos veía llegar decía; ahí vienen las demonios, Yo no corro de las iglesias por los hipócritas que hay. Porque en todos sitios hay, y si no hay, cuando yo llegue se fastidió la cosa.

LOS ZAPATOS

Un día me llama una amiga, que fue a una tienda de zapatos y estaban tirando muchos zapatos, ella sabía que Niki y yo siempre estábamos recogiendo cosas para llevar para México. Llamo a Niki, le digo, voy por ti para ir a recoger unos zapatos que botaron-tiraron en esta tienda. Tenemos que ir por la parte de atrás porque ya están en la basura. Fuimos, los trajimos, muy contentas con tantos zapatos. ¡¡Nos quisimos medir unos de nuestro número y alas!! ¡¡Eran del mismo pie!! Los checamos todos, todos estaban igual. ¿Y ahora que vamos a hacer con tantos zapatos del mismo pie?, izquierdos y derechos. Los vamos a tener que botar. Después de reírnos y un poco decepcionadas, no sabíamos qué hacer con más de 30 pares de zapatos. Como dos semanas después viene una prima de Enrique a visitarnos de México y le cuento la historia de los zapatos, ella me dice: casualmente la semana pasada fui a un asilo de ancianos y algunos tenían una sola pierna, si quieres me los llevo, y checo en otros asilos, estoy segura de que sí los podrán usar. ¡¡¡Oh!!! ¡Dios es grande!!!! ¡¡Para Dios no hay nada imposible!!

Trabajé en una tienda de telas, eran de segunda calidad, nuevas, y algunas veces venían pedazos que no servían para vender y los tiraban. Los patrones cuando ya no se vendían también los tiraban. No se los daban a los empleados, pues no querían que empezaran a llevarse los pedazos que se podían vender, ni los patrones.

Tenía una amiga que me llamaba cuando tiraban las telas y los patrones. Ese día me llama, enseguida llamo a Niki y teníamos que esperar hasta cuando cerraran la tienda y cerraban a las nueve de la noche. Nos llevamos al copastor que era más loco que nosotras; puertorriqueño-mexicano, lo metimos por encima del zafacón, porque estaba cerrado con llave. Como yo era la más alta yo le agarraba las piernas y el casi con la mitad del cuerpo dentro del zafacón-bote que era altísimo, de esos de hierro, tirándonos bolsas plásticas llenas de telas y patrones. Niki, con una linterna alumbrando. El pastor casi gritando, Nydia, ¡no me sueltes que me voy de cabeza pa' bajo! No podíamos dejar de reírnos. Esos remanentes de telas eran pedazos de colchas. Con ellos hicimos colchas, colchas para bebés, todo lo llevamos para Méjico. También hicimos para nosotros.

Una vez sacamos como diez bolsas llenas de algo que no pesaba. Cuando llegamos a la casa y las abrimos estaban llenas de adornos para el árbol de Navidad que le llamamos lágrimas. No sabíamos qué hacer con tantas cosas de esas. Usamos algunas en nuestros árboles y el resto lo llevè a México.

Fuimos varias veces a esta tienda, que no quiero mencionar el nombre, que cuando se enteraron de que alguien se estaba llevando la "basura" empezaron a echarle aceite a la "basura". Ahí sí que tiraban cosas buenas, que podían haberlas donado. Cuando nos enteramos lo del aceite, Carol habló con la manejadora y le compramos lo que iban a tirar por 5 y 10 centavos. No podían donarlo. De ahí llevamos muchas cosas al orfanatorio y a la familia de Enrique de México. Sin Niki.

LOS ZAPATOS DE JUGAR GOLF

Me llama Niki para que fuera a recoger unas bolsas de ropa y zapatos, que le habían dado a Raúl para que las llevara para México o que se las diera a alguien. Los primos de Enrique estaban de visita. Se las di. En la noche se pusieron a ver lo que había en las bolsas. Buena ropa y buenos zapatos. Nos llamó a atención unos zapatos blancos, que al frente tenían un pedazo medio redondo, pegados a los zapatos. Llamo a Niki y le pregunto si ella sabe para qué eran esos zapatos. Después de explicarle como eran, me dice que no sabe de qué rayo le estoy hablando. Ella no había abierto las bolsas. A mí se me ocurrió decirle que yo creía que serían para jugar golfo. Venían muchas camisas de jugar golfo. Nunca me había parado en un juego de golfo.

Yo nunca he visto a nadie en México jugando con unos zapatos así. A lo mejor es la moda aquí, usted sabe cómo son los americanos, me dice el primo.

Se llevaron las bolsas. Me dijo, que le había vendido los zapatos a un amigo que jugaba golfo. Les iba a enseñar a sus amigos lo último de la moda en Estados Unidos. Después nos enteramos de que eran zapatos para hacer ejercicios, cuando alzas pesas. Cuando le dije a Niki y a los primos, nos hemos reído en cantidad, nada más de pensar, que le dirían sus amigos. Me dijo el primo que hacía tiempo que no veía a su amigo. Cuando te vea te va a dar un zapatazo, le dije.

El SEGUNDO RESTAURANTE

Después del primer restaurante, se me presentó la

oportunidad de abrir otro restaurante. Teníamos abierto como seis meses, todavía no había prendido el horno de la estufa y el día que decidí prenderlo, Jerry lo limpió y me dijo préndelo cuando cierres y déjalo prendido un rato para que con lo que limpié se queme y después lo limpias bien y ya lo puedes empezar a usar. Hice lo que él me dijo y le digo a Niki vamos a traer unas cosas que necesitamos para mañana. Nos fuimos y lo deje prendido cuando regresamos estaba saliendo un humo blanco por los filtros del restaurante y los bomberos rompieron la puerta, porque alguien los llamó que se estaba quemando. La cocina estaba llena de una espuma blanca y había un reguero tremendo. Vino la televisión y en las noticias dijeron que el restaurante se quemó. Se me desapareció la gente, que siempre el restaurante estaba lleno, y esta vez parecía que me iba a ir mejor. Esta vez iba a ser de comida puertorriqueña solamente. Llamé a ese canal para que dijeran que no se había quemado, no quisieron pasar la noticia, porque iba a sonar como un anuncio. Cuando me encontraba con gente que había estado en el restaurante, me decían, una pena que el restaurante se quemó. Les decía, pasen la voz porque no se quemó. Todavía estamos abiertos.

No me pude reponer, había empezado con poco dinero y la renta era más alta que el primer restaurante. Y rehúso a ir a medias. Creo que las medias son para los pies. Como siempre Niki, Carol y David me apoyaron. Y estuvieron conmigo hasta el final. Como quiera tuvimos algunas anécdotas, que aquí van.

Para ese tiempo habíamos cambiado de iglesia. Los viernes, después de que cerrábamos el restaurante, nos reuníamos a dar clases de biblia y oración. El pastor, su esposa y el copastor se turnaban para dar las clases. Varias personas aceptaron a Jesús como su Salvador. Después pensaba, si lo abrí para que esas personas aceptaran a Jesús, no me arrepiento. El restaurante cerraba a las 3 todos los días. Los sábados este amigo de nosotros que era *disc jockey*, me dijo que él podía venir los sábados como a las 7de la noche con música puertorriqueña y que me conseguía clientes. Empezó a traer música y se nos llenaba de personas de diferentes países. Algunas de ellas tenían un talento tremendo y traían sus instrumentos y nos deleitaban con canciones típicas de sus países. Niki y yo hacíamos entremeses, como alcapurrias, pastelillos, rellenos de papa, pasteles, etc. No vendíamos licor y la pasábamos muy bien. Eso me ayudó un poco, pero no fue suficiente.

Llega esta muchacha amiga de nosotros al restaurante con un hambre tremenda. Me pregunta qué puede comer que no tenga carne. Era Semana Santa y como buena católica iba a abstenerse de carne. Le empecé a decir, pescado, las tortitas de tuna, que hacía Niki riquísimas y otras comidas más. En eso Niki le ve el cuello lleno de chupones y le dice, ¡mijita, lo que tienes que abstenerte es de ese cuello lleno de chupones!

Ella empezó a reírse a carcajadas y no supo que contestarle. Nosotras también nos reímos y ordenó pescado. Cuando se fue, le digo a Niki, tú eres medio loca, lo que piensas lo dices. ¡Ya no va a volver más! ¡Ay!, se me salió; bueno le dije la verdad. Como quiera, siguió viniendo. Nos quería mucho, nosotras a ella también.

Había una hermana de la iglesia que su hermano estaba muy

grave en el hospital, no era cristiano. El pastor empezó a visitarlo y le presentó el Evangelio, el hombre lo aceptó. Oramos por él, pero seguía muy grave y no lo aseguraban, esperaban que muriera. Muy triste se veía la situación. Estaba yo en la cocina sola. Suena el teléfono y Niki y la otra mesera estaban ocupadas, así que contesté. Era la hermana de la iglesia que me llamó para decirme de su hermano. Ella no hablaba mucho español y me dice, *sister my brother went home*-se murió. Yo le digo, *Oh sister I'm so sorry*-hermana lo siento. Como estaba ocupada, le digo, hermana, la llamo cuando cierre y podemos hablar más. Silencio. Oh, *ok sister bye*-adiós hermana. Cuando tuvimos un tiempito libre le digo a Niki, oh, Niki se murió el hermano de la hermana. Nos pusimos tristes. Casi para cerrar, viene la hermana al restaurante, Niki la recibe con un abrazo, lágrimas en los ojos y le da el pésame, muy apenada-triste. La hermana se empieza a reír y le dice, no hermana, mi hermano no se murió. No se fue para la casa del cielo, se fue para su casa. El doctor dijo que eso fue un milagro. Ay, hermana, perdóneme como usted me dijo *went home*-para la casa, yo creí que, al cielo, es que estábamos tan ocupadas que no entendí bien. Sí, me di cuenta de que no entendió, por eso estoy aquí. ¡Con tantos años en Texas, todavía no entendía esta gente! Con eso del inglés y el español juntos. ¡Me casoteenná'!

EL PASTOR RAÚL

El copastor Raúl se reía mucho con nosotras. Cuando discutíamos nos decíamos cosas un poco duras, sin hablar malo, Niki, porque ahí estaba el pastor. Nos quedábamos como si nada. Él nos decía, hermanas, de verdad que ustedes son buenas amigas. Se pueden pelear y decir cosas y al rato están lo más contentas. Niki le decía, sí, hermano, tiene razón, aunque algunas veces me dan ganas de matarla. Yo le decía, ay, ¿y a mí no?; nos reíamos. Cuando íbamos algún sitio y me decía Niki, vámonos que me quiero ir, yo le decía, lo siento, pero a mí no me da la gana de irme y como tú viniste conmigo nos vamos cuando me dé la gana, ok. Coge, vete y siéntate y estate quieta. Ella le decía al pastor, ve, ¿ve pastor, cómo me habla? Claro, pastor, el carro es mío, ¿que usted cree? Él solamente se reía y decía, son buenas amigas. Él no decía nada, porque él casi siempre andaba los domingos con nosotros. Como quiera, el casi no entendía lo que nos decíamos, él no hablaba mucho español, Niki le decía lo que estaba pasando. Más o menos. Como quiera, ella ganaba y nos íbamos. ¡No tan rápido como quería Niki, pa' que no me perdiera el respeto!

MÁS AMIGAS

Invité a las "muchachas" a caminar al parque cerca de mi casa, Niki, Delia y Debby. Teníamos como una semana de estar caminando. Ese día se nos hizo un poco tarde, ya estaba oscureciendo. Cuando pasa este carro lleno de muchachos y nos gritaron algo, les gritamos algo también y les dijimos adiós. Seguimos caminando, nos encontramos con el carro al otro lado del parque. Se habían bajado, como que nos estaban esperando, cerca de una luz de un poste que se encendió porque ya era un poco de noche. ¡Cuando pasamos por debajo de la luz, uno de ellos dice oh! ¡No! son unas ollas mohosas-*rusted pots*. Delia iba un poquito adelante y le dice; ¿qué fue lo que dijeron? Se asustaron y se subieron al caro y se fueron. Desde ese día nos cambiamos el nombre, cuando las llamaba para caminar les preguntaba *rusted pots*, ¿quieren ir a caminar? Claro que sí, *rusted pot*; me decían. Como siempre la risa no pudo faltar, especialmente cuando contábamos el cuento.

DELIA

Delia fue a visitar a su hermano en una urbanización donde las casas eran unas de las más caras en Corpus Christi. Él tenía su propio negocio. El carro de ella, que estaba un poco viejo, de momento empezó a echar un humo negro. Ya ella estaba dentro de la urbanización, llegó a la casa del hermano, estuvo un rato, y se fue. Voltea en una calle y está un policía, se le fue detrás, le prende las luces. Delia se para, el policía le dice que no se puede manejar el carro así. Le preguntó qué hacía ahí, ella le dice vine a visitar a mi hermano y a fumigar el barrio. Al policía le dio una risa que no podía parar y le dice, vete, pero arregla el carro, eso es una infracción.

Cuando nos dijo, como siempre la risa no pudo faltar. A lo

mejor creía que fuiste a comprar drogas, le dice Niki.

NIKI Y YO

Recogía a Niki todos los domingos para ir a la iglesia. Estábamos tan afines que muchas veces nos vestíamos del mismo color, no la misma ropa. Nos veíamos y nos empezábamos a reír, algunas veces nos decíamos, tú me estabas viendo por la ventana lo que me iba a poner. Algunas veces se regresaba a cambiarse.

Un domingo íbamos un poco de prisa, nos fuimos, como siempre hablando y riéndonos. Voltea ella a decirme algo y le veo las cejas rojas y los labios café. Le digo, mírate en el espejo. ¿Por qué?, me pregunta. Mírate al espejo, le vuelvo a decir. ¡Ay! ¿Qué es esto? Eso mismo te pusiste el pinta labios en las cejas y el pinta cejas en los labios. Me empecé a reír, le digo a David, él como siempre, le decía ay, ay, ay, *sister* Niki. Nydia, tú sabes que no miro. Estos lápices son iguales y no tenía mis espejuelos. Está bien, Mrs. Magoo. Nos reímos tanto que hasta me pase de la salida para la iglesia.

David me empezó a decir mami, mami, mami, yo le decía,

espera David, porque todavía íbamos riéndonos. También les decía a mis hijos, cuando yo esté hablando con las personas mayores no me interrumpan, ¡¡¡a menos que haya…fuego!!! decían ellos. Le digo a Niki qué raro se ve por aquí, no me había dado cuenta de que hubiera tantos árboles, al mismo tiempo le digo a David, ¿qué pasó David que quieres decirme? Él me dice, que te pasaste de la salida para la iglesia. Estoy tratando de decirte, mami. ¡¡Oh, David lo siento!! Gracias y a regresarnos. La risa no pudo faltar. Niki me dice, la próxima vez le haces caso a David. Porque conmigo no puedes contar, yo ni sé dónde estoy para'. Lo sé, Mrs. Magoo. Nunca tuvo sentido de orientación. Se perdía hasta en su cocina.

Nos invitaron a una iglesia anglo donde se estaba reuniendo un grupo hispano que no hablaba inglés. No tenían pastor latino; no sé cómo invitaron a nuestro pastor. Después del servicio del domingo en nuestra iglesia, nos íbamos un grupo de la iglesia a ese pueblo que quedaba como a una hora y media de Corpus Christi. El copastor Raúl, David, Niki y yo nos íbamos en mi carro. En el camino íbamos cantando himnos y coritos. Cuando se acababan los que sabían, yo empezaba a cantar himnos en español. Niki siempre me decía lo mismo, tú cantas bien pero no tienes tono. Ella sí sabía cantar, yo no. Me puedo acoplar con los que saben cantar. Pero sola, es cierto no tengo tono, pero no me tenía que decir y ahí empezaba la discusión. El pastor se moría de la risa, David se quedaba muy calladito, yo le preguntaba a David, ¿verdad David que yo sí se cantar? El levantaba las manos y me decía, mami, yo no me meto en eso. Ya ves Niki, hasta David está en mi contra. ¡Por tu culpa! A él no le gustaba que discutiéramos. Ay sí, ella es la única que sabe cantar, lo siento yo voy a seguir cantando. Ella decía, pues sigue cantando, a mí no me importa,

Como yo no sé el himno en español, allá tú, como quiera no tienes tono. Cuando se daba cuenta que el himno que yo cantaba ella lo sabía en inglés, empezaba a reírse y empezaba a cantarlo en inglés. Yo le gritaba, mira, cállate la boca, ¡¡¡zángana!!! Que me turbas. ¡Es que esta es la tonada! ¡Te digo tú cantas bien, pero no tienes tono!, decía ella. ¡Entonces no sé cantar!, ¡se acabaron las canciones!, decía yo. El pastor siempre decía qué bueno que son buenas amigas. Y se reía en cantidad. Niki iba al frente conmigo, el pastor y David atrás. A lo mejor pensaba que estábamos locas.

Cuando teníamos algún compañerismo en la iglesia, o en alguna casa, cantábamos muchos coritos, el pastor Raúl se dio cuenta que yo cuando oía una palabra, ya fuera al principio o al final de la conversación empezaba a cantar un himno, corito o una canción popular. Un día me dice, hermana usted saca una canción, solamente oyendo, la primera palabra y la última. ¿Como lo hace? le expliqué, que la canción ya la sabía. Que me crie en la iglesia y sabía muchos himnos y coritos, también muchas canciones populares, porque en Puerto Rico hay bares-cantinas, entremedio de las casas. En mi barrio teníamos un bar-cantina al cruzar la calle. Había alguien que le gustaba la música de mariachis mexicanos, y música de Puerto Rico. Después de la escuela a las cuatro de la tarde había un programa que se llamaba México Canta, a esa hora tú podías oír cuando los vecinos prendían los radios. Con el calor de Puerto Rico, las puertas y ventanas de las cantinas y las casas, estaban abiertas. Así es que comíamos-cenábamos y dormíamos con música. Además del devocional que hacíamos, también me encanta la música de mariachis. Y sí, me decían esa canción bien cantá', suena bien bonita, y se reían. A mí no me importaba, como me decía Niki. Un día en una reunión en mi casa, empezaron a decirme palabras y yo les cantaba el principio de alguna canción o himno. Niki como siempre, me miraba y se reía. Yo también la miraba y decía, esta canción bien cantá' es bien bonita. La risa no podía faltar.

Siempre he soñado sueños que parecen novelas, si estoy soñando algo que no me gusta, en el sueño digo, voy a despertar porque este sueño no me gusta, y despierto. He soñado sueños que han salido ciertos. Le contaba a Niki mis sueños y algunas veces eran tan largos, que me decía; ¡muchacha! ¡Qué tú comiste anoche!

EL CUMPLEAÑOS

El pastor Raúl cumplía años, enseguida Niki y yo inventamos un cumpleaños en la iglesia. Como a él le gustaba nuestra comida, le dije que le íbamos a celebrar el cumpleaños y qué quería comer. Me dice muy serio *steak* y langosta. Yo miro a Niki que estaba detrás de él y ella dice ok *steak* y langosta será. Llegó el día del cumpleaños, hicimos una colecta en la iglesia y fuimos a Red Lobster-langosta, él comió *steak* y langosta, y el pan tan rico que tienen, nosotros, sándwiches y chips. Era una iglesia chica y no teníamos mucho dinero. Cuando le preguntamos al pastor si estaba buena la comida, nos dice, sí, me gustó mucho. ¿Cuándo fue la última vez que comió *steak* y langosta? Le pregunta Niki. Nunca, es la primera vez, le contestó. ¿Cómo? ¿Y por qué pidió eso? Oh porque yo vi una película en la TV, que le preguntaron a alguien que quería comer y él dijo *steak* y langosta. Yo lo dije de broma-jugando. No creí que me iban a creer. Gracias, hermanas, por celebrar mi cumpleaños, nos dijo. Estaba delicioso. No quedó más remedio que reírnos.

LA QUINCEAÑERA

En la iglesia había esta hermana que tuvo una niñez muy triste, se crio en *foster care* desde los cinco años. Vino a visitarme a la casa, porque se encariñó mucho conmigo y Niki. Me confesó que no tuvo quinceañera, que ya era muy tarde para tener una, en unas cuantas semanas más cumpliría 25 años. ¿Sabes qué? le dije, vamos a celebrar tus 25 años como una quinceañera en la iglesia. Sus ojitos se le abrieron. ¿De verdad, hermana? Sí, sí, déjame hablar con el pastor a ver si nos da permiso, y ponemos la fecha. Se fue muy contenta. Rápido llamé a Niki, le pareció bien, y al pastor también. Pusimos fecha y a organizar la fiesta en la iglesia.

A los pocos días me llama la "quinceañera", que padece de desorden bipolar, algo que yo no sabía, para decirme que el amigo de ella le dijo que el pagaría por todo. Ella ya tenía el salón, el vestido, el bizcocho-pastel, la comida, etc. Yo no sabía que decirle. Te llamo enseguida, le dije, le enganché. Llamo a Niki y le digo lo que hay. Ella me dice, pero eso iba a ser en la iglesia. Eso creía yo también. ¡Oh!, y para completar, ella quiere que nosotras seamos las damas. Tiene ya 5 damas amigas de ella, también quiere que nos vistamos de color vino. Los arreglos de las mesas, que los vas a hacer tú, van a ser blanco con vino. Niki hacia arreglos preciosos. Ya yo no tengo que hacer el bizcocho-pastel, ya lo ordenó. ¡Ay! ¡¡Nydia yo creo que metimos la pata en este cumpleaños, por tu culpa!! ¿Mía? Ustedes dijeron que estaba bien, después que no tengamos que poner dinero, le seguimos la corriente, ¡chica! El amigo era soltero y yo creo que le gustaba ella, que era soltera también y bonita. Yo le pregunté y ella me dijo, él es lo más *nice*-chévere, pero a mí no me gusta como novio. Niki me abre los ojos y voltea hacia ella y le dice, si no quieres nada con él, ¿por qué le aceptaste que te pagara todo? Bueno, él se ofreció, yo creo que él sabe que no es mi tipo. Así quedó todo, la fiesta estuvo muy bonita, los músicos de la iglesia tocaron, el parejo tenía creo que 14 años, las damas, la más joven tendría 30 años, Niki y yo las más viejas, las demás damas de la iglesia un poco macucas-viejas también. La esposa del pastor fue la maestra de ceremonias y mi niña estaba feliz con su quinceañera. Tenía un vestido de quinceañera precioso que también se lo compró el amigo. Parecía que tenía 15 años. Niki le dibujó una muñeca con un vestido de quinceañera y sin saberlo, la dibujo a ella, el vestido igual que el de ella y hasta el peinado —Sí, también, Niki sabía dibujar, yo no—, de eso me enteré ese día. No se cansaba de darnos las gracias. Hasta la fecha es mi amiguita, dice que me quiere mucho, yo a ella también, dice que soy su mamá. A Niki no la quería mucho porque la regañaba, con amor claro. Yo le seguía la corriente. Me enteré de que era bipolar cuando le dije, chica, estás loca, no hagas eso, por algo que hizo y la regañé. En Puerto Rico es una expresión regular decir eso. Ella me dice, sí hermana yo soy loca, no estoy bien de la cabeza. No hallaba como disculparme. Le di un abrazo, me disculpé y nos reímos, le dije que la quería mucho.

Seguimos en la iglesia, el club ya casi no nos reuníamos, muchos de los miembros activos eran militares y se habían ido. Empezamos a dar clases de Biblia y oración en mi casa, nos quedábamos hablando y riéndonos hasta bien tarde. Ahora podíamos hacer más locuras.

Hicimos un *pijama party* –fiesta de pijamas con las "muchachas" de la iglesia, íbamos a dormir en la sala, la casa era pequeña, llegó la noche, y como una nena chiquita, la doña Niki dijo, yo no duermo en el piso, me voy para mi casa y mañana vengo a desayunar. ¡Vale más que me tengas desayuno, oíste! ¿Oye, mira, esta qué se cree? ¡Vienes temprano para que nos ayudes o no comes ná'!, le dije. Yea, yea, siempre decía así, entonces no vengo ná'. ¡No vengas, a mí que me importa! Le decía como me decía ella. Las hermanas de la iglesia se quedaban un poco serias, cuando nos veían que nos reíamos, ellas empezaban a reírse. David siempre decía ay, ay, hermana Niki, y movía la cabeza de un lado a otro. En la mañana vino y nos ayudó; desayunamos. Como a mediodía se fueron. Ninguna de las hermanas habían tenido un *pijama party* incluyendo Niki y yo.

EL AEROSOL

Un día vino esta hermana de la iglesia a casa de Niki, había aceptado a Cristo como su Salvador en el segundo restaurante.

Me llama Niki, voy para allá, la hermana estaba en fuego con el Señor.

Empezó a darnos su testimonio, empezamos a hablar de la Biblia y de pronto se siente un ruidito y vemos como un humito salir de entremedio de la mesa del medio, en la sala. Nos vimos, abrimos los ojos y la hermana dice, ¡hermana! ¡Aleluya! ¡Gloria a Dios!¡¡Gracias Jesús!! ¡¡El Espíritu Santo!! Niki y yo nos miramos y ya íbamos a seguir alabando, cuando Niki mira para la mesa y ve que es un aparatito que había comprado, cada media hora echaba un aerosol con olor. ¡Oh no! ¡¡hermana, es el aerosol que compré!! Se acabo la seriedad y nos hemos reído en cantidad.

Iba a empezar el servicio. El grupo de adoración ya estaba listo en el altar. Niki tenía el micrófono cerca de la boca, todo estaba en silencio, de pronto se le sale tremendo eructo. Ella solamente dice, ups, lo siento, perdón. La risa no pudo faltar.

Para Navidad invité a la iglesia a despedir el año en mi casa.

Niki y Alma se iban a quedar a dormir con nosotros. Le iba a dejar mi cama a Niki. Les hicimos comida puertorriqueña, Niki hizo el arroz con gandules, yo dos perniles, arroz con dulce, flan, ellas trajeron algo también. Compramos entre todas *sparklyn*-espumosa, "*wine*-vino", teníamos maracas, güiro, panderetas, la casa se llenó, comimos, cantamos. Casi todos se fueron porque no querían estar en la calle muy tarde. Cuando nos quedamos solas, despedimos el año, David, Diana mi hija, Niki, Alma y yo. Abrimos los "vinos", nos servimos en las copas, empezamos a gritar, ¡feliz año!, ¡feliz año! Gracias, Jesús. Hicimos una oración dando gracias a Dios por otro año, empezamos a llamar a nuestros hijos, familiares, amistades. De momento, Alma me dice, hermana, habla con mi hijo, él dice que estoy en una cantina, teníamos música de Navidad cristiana, a tó' vuelo estábamos gritando ¡¡¡Feliz añooooo!!! Resulta que mi querida Alma era recién convertida y le encantaba beber y fiestar en las cantinas. Dio un giro completo, ella me dijo ay, hermana yo creía que los cristianos eran bien aburridos, que no sabían gozar y me siento tan bien que no puedo creer que se puede gozar y pasarla bien sin beber bebidas alcohólicas. Hablé con el hijo que ya me conocía y le dije que sí, que Alma estaba en mi casa y que nosotros los cristianos también sabíamos fiestar y que la música que oía era música de Navidad cristiana puertorriqueña que es muy alegre. Y el "vino" era jugo de uvas con efervescencia. Que no se preocupara, que su mamá estaba bien. Que se iba a quedar conmigo esa noche. Como siempre. Niki como a las dos de la mañana, me dijo llévame para la casa, sabes que no miro y es muy tarde, sí Mrs. Magoo, te llevo. Ella vivía al cruzar la calle. Yo voy a dormir en mi cama, me dice. Pues, lárgate, ¡zángana! Risa… La llevamos a su casa. Ya no se veían luces en las casas. El chorro de viejos que vivían en esa calle ya estaba dormido, dicho por Niki. Ella iba a dormir, pero no era vieja.

MRS. MAGOO

Cuando digo que Niki se parecía a Mr. Magoo no es charla. Aunque yo le decía Mrs. Magoo, ella desde pequeña uso lentes-espejuelos. Tuvo mucho trabajo para meterse al militar, tuvo que esperar hasta los 21 años para meterse, cuando se graduó de *High School* le dijo al papá y él le dijo que no; por eso se esperó hasta los 21, no pasó porque no veía bien. Me dijo que estuvo comiendo zanahorias en cantidad hasta que pasó o le tuvieron pena, se metió al *air force*-fuerza aérea. Se casó con Raúl y la desterró a Texas, como decía jugando. Su vista siguió dañándose hasta que llegó a ser ciega legal. Aunque no veía bien lo que tenía que ver, veía lo que nadie veía. Veía como visiones.

Un día en el restaurante me llama como enojada. Voy para la cocina pues acabábamos de cerrar. Estábamos limpiando y me dice, estoy tratando de espantar a ese gato y por más agua que le tiro-echo no se va. Los otros corrieron y se fueron. Teníamos una gatería alrededor del restaurante que nos traían locas. Se nos ocurrió echarles comida, después que cerrábamos y ya creían que el restaurante era de ellos. Voy a ver el gato y yo no veía ningún gato, mira, mira le tiro agua y ni se mueve. ¡¡Ay!! Niki eso no es un gato es un tronco de algún árbol que cortaron. ¡Te digo que no miro! Sí, Mrs. Magoo, lo sé, le decía yo. Y a reírnos. No había otra.

El lugar que rentábamos para reunirnos en la iglesia era de la sociedad de los carteros, ellos lo rentaban también para bailes y otras actividades. En la entrada tenían un extinguidor de fuego grande. Niki pertenecía al grupo de adoración. Ella estaba en el altar de frente a la entrada. Entre medio estaban los asientos. Modesto y su esposa Beatriz, que los seguimos a esa iglesia, se paraba Moe cerca del extinguidor para saludar a las personas cuando llegaban. Cuando se termina el servicio me dice Niki oye qué bien vestido venia hoy Moe. Con corbata y camisa roja. ¿Quién?, le digo yo, ¿Modesto? ¡¡El nunca usa corbata!! ¡¡Ay, Niki, Modesto no vino hoy, ese era el extinguidor de fuego!! Te digo que no miro, siempre me decía, y yo le contestaba, sí, Mrs. Magoo, lo sé. Y nos empezábamos a reír. Después esos eran los chistes que le decíamos a todo el que nos quisiera oír.

Empieza el servicio en la iglesia, Niki tocaba las maracas en el grupo de adoración, y ese día trajo unas maraquitas que le regalaron que parecían dos huevos. Estaba ella muy inspirada sonando las maracas que no se veían y el corito estaba bien alegre. La amiga de nosotros estaba sentada al lado mío, me mira y me dice muy seria, ¡ea rayo! parece que a Niki se le olvido que no tiene las maracas y mira cómo está tocando, como si las tuviera. No, no, le digo, son unas maraquitas que parecen un huevo y las tiene en las manos. ¡Ay! qué susto, ¡yo creía que se había vuelto loca!

Un día íbamos para la casa de Sussy, mi otra amiga del alma y era tiempo de Halloween. Susana arreglaba un muñeco con la ropa de Pedro. Le ponía un sombrero y le hacia una cara y lo sentaba en el balcón. Llegamos a la casa y estamos esperándola al frente, y me dice Niki, Pedro esta vez ni nos ha saludado. Él siempre nos saludaba y siempre se sentaba en el mismo sitio que ella ponía el muñeco. Parece una estatua ahí sentado, dice Niki. Bueno, no nos ha saludado porque no es Pedro, es un muñeco. ¡Ay! ¡¡¡Dios mío, yo no miro!!! Sí, Mrs. Magoo, lo sé. En cuanto vino Sussy, le dije lo que dijo Niki. Otro momento para reírnos.

Cuando digo que veía lo que no se veía, como lo del ángel en la van: en un restaurante estamos comiendo ella, el pastor Raúl, David y yo, después de la iglesia. Niki nos dice, miren para allá, ¿por qué tendrán a ese mono-chango ahí? Era la entrada del restaurante que había una media pared. Me está viendo y riéndose. Le dijo el pastor muy serio, hermana, son demonios. ¡Uy! ¡¡¡Digo yo, el Señor reprenda!!! ¡¡Ay, Niki tu siempre andas viendo cosas!!

EL PERIÓDICO

Me llama un día para decirme lo que había hecho. Alguien le estaba robando el periódico. Tenía como una semana que no lo leía. Se levantó a las seis de la mañana, que era cuando venía el periódico. Recogió su periódico, puso uno viejo con una nota no muy bonita, diciéndole un montón de malas palabras y que se comprara su periódico. La regañé y le dije que no tenía que poner malas palabras. Ah, cállate la boca, le puse lo que me dio la gana. ¡Te callas la boca! Ok, me cayo la boca, canto mala habla, ¡no vas a ir al cielo! ¡zángana! Era un viejito vecino de ella, se quedó por la ventana esperando para ver quién era. El viejito ya no volvió.

LA BODA

Para el final del 1999 había esta pareja que estaban viviendo juntos desde que eran bien jovencitos, todavía se veían jóvenes y tenían dos niños. Como estaban diciendo que el mundo o se iba a acabar o algo grande venia para el 2000, decidieron casarse para no quemarse. El pastor nos dice lo que ellos querían hacer, casarse sin celebrar boda, solamente querían la bendición de la iglesia, ya se habían casado por la corte. Pastor, si usted nos da permiso Niki y yo podemos hacer algo, yo hago el bizcocho, Niki los sándwiches, ahí tenemos lo que sobrò de la Navidad, le dije. Al pastor le pareció bien. Hablamos con otras hermanas. Y preparamos todo. Yo tenía mi cámara lista. Se veía la iglesia y la mesa preciosas. Fue en miércoles y se suponía que cuando se acabara el servicio el pastor los casaría. Nos quedamos esperando a los novios y nunca aparecieron. Las 8, las 9... La gente se empezó a ir. El pastor dijo, yo creo que ya no van a venir, no contestan el teléfono en la casa. Otra persona dijo: ¿qué vamos a hacer con toda esta comida? Niki y yo les preguntamos a algunas personas en la iglesia que quién se quería casar. Nadie. Las parejas que estaban allí eran casadas. No sé porque hice el bizcocho-pastel un poco grande, Niki hizo sándwiches en cantidad, chips y otras cosas que trajeron las hermanas. Bueno, dijimos, vamos a celebrar nosotros, nos tomamos retratos, partimos el keke, así también le dicen en tex-mex y lo pasamos muy bien. Nos dividimos la comida. Al otro día nos enteramos de que la mamá del novio murió esa noche de complicaciones por la diabetes, a los 46 años. Y ellos ni se acordaron de que se iban a casar. Les dijimos que nos comimos el bizcocho-pastel-cake-keke y demás cosas en sus nombres.

Un domingo estamos Beatriz, Modesto, Niki y yo sentados juntos en la iglesia. El pastor, que es tex-mex está predicando y en la prédica dice que tenemos que dejar de seguir jugando a las chorchitas. Modesto voltea, mira a Niki, Niki voltea, me mira a mí, con los ojos que hacía cuando no entendía. Yo me quedo seria y oigo a Modesto que le dice a Niki, no, yo voy a seguir jugando. Se empezaron a reír calladamente, y yo mirándolos seria, ya no pude contenerme y me sonreí y le hice una seña con los ojos y los labios, que se estuvieran quietos. Cuando terminó el servicio viene el pastor y nos pregunta si él dijo algo mal. Yo cogí a Niki del brazo y seguimos caminando y dejamos a Modesto con el pastor. Resulta que el pastor uso una palabra en tex-mex para decir *church* en español, los tex-mex usan una mezcla de español e inglés. *Church-chorchita* o sea iglesita. A nosotros nos sonó como la parte de la mujer que le llamamos los puertorriqueños y los cubanos, que no se dice en público. No sé qué le explicó Modesto, no tocamos ese tema con el pastor. Modesto que es más loco que nosotras y es el diablo en barandillas, así le decía yo, nos dijo que le dijo lo que entendimos. Y a reírnos.

EL BAUSTISTERIO

En la iglesia que predicaba el pastor en la tarde, nos estaban enseñando la iglesia donde se reunían los anglos, muy bonita iglesia, era grande y tenía un bautisterio como el de los católicos al frente. La iglesia era cristiana, metodista, cuando Niki lo ve, pregunta, ¿cómo pueden meter a una persona adentro de eso tan chiquito? El pastor anglo la mira asombrado, nosotros no sabíamos que decir, el pastor Raúl, le dice, hermana, no es para personas grandes es para niños, aquí bautizan, así como los católicos, no por sumersión. Oh perdón, Nydia me dijo que los cristianos no bautizaban niños. Algunas iglesias si, hermana, le dice el pastor. Cuando íbamos de regreso, me dice ella, ¡por tu culpa metí la pata! ¡Y todos se rieron de mí! Tú tuviste la culpa. ¡Qué burra pero que burra!, le dije yo. Todo el camino estuvimos riéndonos de las ocurrencias de Niki, que siempre me echaba la culpa. La risa es la mejor medicina.

NIKI Y SU HERMANA

Llego a la casa de Niki y está en la computadora. La noto que está llorando y riéndose, me dice que me siente, que me tiene que contar algo. Cuando termina me dice, ¿te recuerdas que te dije que tengo dos medias hermanas, que no veo hace más de sesenta años? Sí, le digo. La semana pasada, no sé, me vino a la mente una de mis hermanas. Puse un mensaje en una página que encontré, de buscar gente. Escribí una nota, que estoy buscando a fulana de tal, puse algunos datos. ¿Adivina con quién estaba hablando? Se le veía la cara tan contenta, que le digo, con tu hermana. Eso mismo, con ella. A ver cuéntame cómo fue eso. ¡Que chévere! Ha sido como un milagro, me dice. Te diré, cuando puse el mensaje, alguien estaba en esa misma página, leyó mi mensaje, fue y le preguntó a su compañera de trabajo si ella tenía una hermana que se llama Nilka. Ella le dijo que sí y él le dijo ella te está buscando. Le dio el sitio, enseguida la llamó y se comunicaron. ¡Resulta que su hija vivía en HOUSTON! Mi hermana vive en Puerto Rico. Enseguida hicimos planes para encontrarse con ella en Houston. No vivía muy lejos del hijo de Niki. Pasamos un buen fin de semana. Su hermana y su familia vinieron a Corpus Christi. Su hermana regresó a Corpus Christi, las llevé a San Antonio, pasamos el fin de semana con Carol. Una señora muy alegre, amistosa y sencilla, igual que Niki. De verdad que eso fue un milagro.

EL VIAJE A FLORIDA

Carol, David, Niki y yo, fuimos a Florida en mi carro a

visitar a mi hermana Gladys y otros familiares en Orlando. Dejamos a Niki en Tampa con su hermana Laura. Ellos se habían mudado para Texas. Me llamaba dos o tres veces al día, al tercer día me llama para decirme que ya estaba lista para irse para Texas. ¡Estás loca, chica!, tú bien sabes que vamos a estar aquí una semana y estuviste de acuerdo.

Mañana vamos para Disney y vamos a entrar gratis, mi sobrino y mi cuñado trabajan en Disney. Lo siento, chica, te tienes que esperar. Goza con Laura y Diego, pásalo bien. Que Diego te enseñe a prender el televisor, que le dañaste los programas que él tenía, por no preguntar. ¿Por eso te quieres ir?

Quién sabe qué tantos controles remotos tenía mi primo y todos los usó. Le hizo tremendo reguero; tuvo que esperarnos. A mi primo se le subía la bilirrubina bien rápido, como a ella.

VIAJES A HOUSTON

Después que cerré el segundo restaurante, me sentía triste y le digo a Niki que nos fuéramos unos días por ahí, no quería estar en la casa. Me dice ella, ay, sí vámonos para Houston, a casa de mi nuera. Hice la maleta sin decirle a Enrique. Estaba muy triste y enojada. Cuando me levanté, Enrique ya estaba en el baño y me pregunta qué iba a hacer hoy. Solamente le dije, necesito salirme de aquí. Niki y yo vamos para Houston hoy. Así que ahí te wacho cucarácho, como me decía Enrique algunas veces jugando. Enrique me mira sorprendido e iba a decir algo, me salí del cuarto con mi maleta y me fui. Carol ya sabía. Nos fuimos una semana para Houston y un viaje de 3 horas nos tardamos 9. ¡Nos hemos dado la perdida de la vaca! No teníamos gps, según nosotras, ni mapa. Teníamos un telefonito chico. El hijo de ella nos daba instrucciones y nos perdíamos como quiera. No supimos ni como salimos cerca de la casa de ellos, su hijo fue por nosotros. También había mucha construcción en Houston y eso parecía un rompecabezas. Hasta me mandaron una infracción-*ticket* porque nos pasamos un peaje sin pagar. La pasamos muy bien. De regreso no nos perdimos, pero los hijos de Niki no nos perdonaron esa perdida. Y se reían hasta más no poder.

Yo iba guiando y Niki era mi copiloto y me decía, ay, yo

creo que ya nos pasamos la calle que dijo mi hijo. ¡Pero chica! ¡Dime con tiempo! ¡¡Me caso ten las pantaletas de Doña Clara!! Le decía yo. ¡Tú sabes que yo soy ciega!, no veo las calles hasta que estamos para salir. Me decía ella. Está bien, Mrs. Magoo, le decía yo, y empezábamos a reírnos. ¡Y nos perdíamos otra vez! Me dijo con tiempo, tienes que salirte en el "fider", lo decía al estilo *nuyorican* y yo entendía "fido" y me pasaba. Yo le gritaba y ella a mí. ¿Qué es eso de "fido"?, le gritaba, ¡Fido es el perro del libro de cuando yo estaba aprendiendo a leer! ¡Y ella decía "el fido"!, "¡el fido!", bueno eso era lo que yo entendía. Era *feeder*, que me saliera del expreso para la marginal. ¡Habla en inglés o en español, contra!, ¡y no me confundas! Eso de la mitad inglés y mitad español no tiene sentido. Ahí teníamos que ir a dar otra vuelta y nos perdíamos otra vez. Como quiera gozamos mucho y se nos quitó el estrés. Pasamos una semana de lo mejor en la casa de su nuera y su hijo. Nos trataron de maravilla. Niki quería mucho a su nuera, cuando la presentaba siempre decía, *this is my daughter in love*-mi hija querida. En vez de decir nuera.

Le digo a Niki, el viernes vamos a ir a Houston, a visitar a Fina, la hermana de Enrique. Me pregunta, ¿puedo ir con ustedes? Me dejan en la casa de mi hijo y el domingo me lleva mi hijo a casa de Fina. Después que vino Enrique del trabajo, con todo listo, fuimos y recogimos a Niki. Enrique dice, ¿a dónde quieren ir a cenar?

¡A comer a esta hora!, dice Niki. Son las siete de la noche. Los muchachos dijeron, a Taco Bell. Fuimos, comimos y Niki con una cara no muy alegre. No quiso comer; gracias, ya yo comí, muy seria. Nos fuimos, como a la hora, dice Enrique, ¿quién quiere mantecado-nieve? Y como dice el dicho, a quien le dan pan pa' que llore. Otra parada. Y Niki más seria que un pan viejo. Como quiera, se comió su mantecado. Hora y media después, se oye una voz detrás de la van, papi yo quiero ir al baño, entonces todos querían ir al baño. Ok, ahorita llegamos al área de recreo, dice Enrique. Ya casi llegando a Houston, dice Enrique, ¿quieren chips con soda? Yo quiero café. Otra parada, ya eran como las 12 de la noche cuando dejamos a Niki en la casa del hijo. El regreso fue casi igual. Salimos más temprano y como quiera llegamos de noche. Hablamos por el camino, la ayudé a llevar la maleta adentro de la casa, le di las buenas noches y nos fuimos. En la mañana me llama para decirme, que nosotros éramos locos, que no salía con Enrique pa' más ningún sitio. Ya no me invites más si Enrique va, me dice. Oye, pero si yo no te invite, tú te invitaste sola. Yo solamente te comenté que íbamos para Houston. ¡Como quiera ya no me invites más! ¡Muchacha, ustedes se paran en cada esquina! Me empecé a reír y me enganchó.

Ella me había dicho que Raúl, cuando ellos salían para algún sitio lejos, Raúl solo se paraba para mear, dicho por ella. A ella eso le daba coraje. Enrique era diferente, él nunca llevaba prisa cuando íbamos de viaje para Houston, el valle o México, o a donde fuéramos. Él no se iba a estresar para llegar a ningún sitio. Íbamos de vacaciones todos los años por dos semanas. Una vez salimos de vacaciones para Las Vegas y nunca llegamos. Nos tuvimos que regresar. Visitamos tantos sitios y en los moteles que nos quedábamos los muchachos no querían irse sin bañarse en la piscina. En la noche y en la mañana antes de irnos. Las vacaciones eran para ellos. Es cierto en cada esquina, como me dijo Niki, nos parábamos. ¡Enrique iba sin prisa!

LOS TRABAJOS

Estábamos desempleadas otra vez, Modesto y Beatriz nos ofrecieron trabajo. Él y su esposa tenían una compañía de limpiar oficinas. Necesitaban a alguien para limpiar unas oficinas que estaban en una refinería, aceptamos y teníamos que pasar por unas reglas, como checar récords policiacos, etc. Empezamos a trabajar y era un cuarto bien grande como con 20 escritorios, todos con computadoras. Íbamos cuando estaban cerrados. Nos dijo Beatriz, limpien alrededor de las computadoras, vacíen la basura, limpien los baños. ¿Baños?, pensé yo. Enseguida Niki dice, está bien, yo limpio la oficina y Nydia limpia los baños. Ay sí, que graciosa te parió la "comai", le dije. Cuando veo los baños eran más de 20 inodoros. Oh, no, me tienes que ayudar, le dije. Lo siento, pero yo estoy muy vieja para cargar esos cubos, escoba, mapo, los baños son tuyos, me dice. Ya el trabajo no me gustó. Trabajamos como un mes, cuando nos dimos cuenta de que tenían muchos letreros de qué hacer si había una explosión, un “liqueo” de aceite o gasolina, mientras estábamos allí que no nos quitáramos los gorros de metal que nos prestaron. Niki ni cuenta se había dado de esos letreros. Cuando yo me percaté de ellos le dije, yo no creo que vayamos a durar aquí. ¡Ya habíamos pensado renunciar, cuando Niki, no sé qué rayo tocó y se prendieron todas las computadoras y empezaron como a escribir solas. Ella empieza a gritar, ¡Nydia, Nydia, no sé qué pasó! ¡Yo no hice nada! Ella empezó a tocar cosas y yo diciéndole ¡¡no toques nada!! No vaya a explotar algo, de momento se apagaron las computadoras, nos asustamos mucho y esperábamos que entraran los guardias. Le dije a Niki, vamos a dejar este trabajo, es muy peligroso. Hablamos con Beatriz y Modesto. Les dijimos, lo sentimos, pero ya no trabajamos más. Les contamos lo que nos pasó y se rieron en cantidad.

Una amiga de nosotras corría-supervisaba un cuidado de niños y necesitaba un chef, bueno cocinera, a mí no me gusta ese nombre y siempre los corrijo soy chef sin título, por favor. La cocinera que tenía se iba a retirar. Tenía ochenta años y pico y trabajó con ella desde que se abrió ese cuidado de niños, ¿Puede Niki trabajar conmigo? le pregunté. En la cocina no, pero necesito alguien para el cuarto de los niños, me dice. Ok, ¿cuándo empezamos? ¿El lunes, a qué hora? A las 6, pues les damos almuerzo-desayuno y comida-almuerzo. Ok allí estaremos. Engancho y llamo a Niki. ¡Niki, ya tenemos trabajo con Kinny! Empezamos el lunes. ¡¡¡De verdad!!! Casi me grita. Raúl estaba por allí cerca y le grita, *babe*, el lunes empezamos Nydia y yo a trabajar. ¿Ja, por qué tanto tiempo? Mi esposo me dijo lo mismo. No duramos mucho. El cuidado de niños era del gobierno y ya tenía más de 30 años de servicio, mi amiga lo había atendido todo ese tiempo, el gobierno decidió cerrarlo. Mi amiga se retiró también, por segunda vez. Era maestra retirada. Decididamente, le decía yo a Niki, no nacimos para trabajar fuera de la casa. Vamos a retirarnos nosotras también. A ver qué más inventamos. Yo creo que ya se acabaron las ideas, los negocios y los trabajos. Creo que si abro una fábrica de gorritas los nenes van a empezar a nacer sin cabeza.

Cuando mi esposo se iba a retirar, alguien le preguntó, ¿y tu esposa cuando se retira? Sabían que yo era mucho más joven que él. Oh ella se retiró hace muchos años. *Wow*, ¿cuándo? Cuando se casó conmigo.

Una de las cosas que tenía Niki, era muy franca. Tan franca como tan fea, le decía yo. ¡¡Ella me decía, la fea eres tú, zángana!! Llegamos un día a su casa, mi esposo y yo. Ella tenía unos retratos de cuando era joven que se los tomó un amigo que era fotógrafo y se veía preciosa. Los tenía guardados en cajas. La convencí de que los pusiera en la pared incluyendo los de su boda, que no eran profesionales, pero se veían bien, arreglamos dos paredes con retratos de su familia en el *den* y quedaron bien chéveres. Yo le digo a mi esposo, mira lo que hicimos Niki y yo y le enseñé los retratos. Y le digo, mira qué bonita se ve. A lo que dice mi esposo, te ves bien Niki, voltea a verla y le dice, ¿qué te pasó? Ella le responde, seria, y no muy contenta, ¡lo mismo que a ti! ¡¡me puse vieja!! Mi esposo se quedó calladito.

Yo le dije, ahí tienes coge esa flor y espera el tiesto-maceta.

Como estábamos "retiradas", empezamos a caminar en el *mall* con un chorro de viejitas, ellas iban a desayunar a McDonald's después de caminar. Nos íbamos con ellas también. La pasábamos bien. No rebajamos, pero tampoco subimos de peso. Niki no quiso ir más, no le gustaba estar entre viejos. Yo le decía, oye, pero si tú eres una vieja decrépita también, ¡¿quién te crees?! ¿Qué rayo es eso de "dequepita"? Decrépita, chica, bien vieja. Ay, es que caminan bien despacio, es cierto hasta yo era lenta, la contralla vieja caminaba más rápido que yo. Yo le decía, ¡¡espérame!! ¡Qué tanta prisa tienes, zángana! ¡Mis juanetes no me dejan caminar rápido! Y me encantaba ver las vitrinas. Camina, camina, que venimos a caminar no a ver las "vritrinas", ¡¡zángana!! Me decía. ¡Vitrina! ¡Burra! Le decía. Yo la llamaba, ven pá' ca, chica, mira esto, ay, qué lindo esta. Niki algunas veces cuidaba al nieto y se lo llevaba a caminar en su cochecito. Un día le pregunta a Niki, en inglés, ¿por qué Nyya siempre dice, y en español le decía, ay qué lindo? Porque Nydia es loca, le decía Niki.

Un día cuando salimos del *mall* vimos un camión de Walgreens que estaban haciendo exámenes de azúcar, presión, colesterol, etc. Para ese tiempo Niki había sido diagnosticada otra vez con cáncer de mama y ya había tenido dos operaciones, ella no quería quimio, la convencí, tomó algunas y decidió que no quería más. Decía que ya estaba muy vieja para eso. Ella era vieja cuando le convenía. Vivió ocho años más. Bueno, fuimos y yo salí con todo alto, ella, todo bien y le dice a la persona que nos hizo los exámenes, ¡¡ea rayo!! esta mujer está esplotá', ¡¡yo no!! yo solamente tengo cáncer. La persona abrió tremendos ojos. Vámonos chica, estas esplotá'. Nos fuimos riéndonos.

Cuando Niki tomó el poquito quimio que tomó, yo quería ir con ella y no me dejó, solamente fui a la última porque insistí. Siempre me decía, ¡no, Raúl me va a llevar!, desde que estamos saliendo tú y yo, ya él no sale conmigo. Cosas personales de familia ella era muy reservada. Nunca hablábamos de cosas personales, de sus hijos, y demás familia. Algunas cosas sí, que no voy a hablar aquí. Esas me las llevare conmigo. Solamente escribiré de nuestra amistad y nuestras locuras. Las amigas de verdad guardamos secretos.

Un día me llama para decirme lo que le hizo Raúl. Ella tenía cita con el doctor, llegaron, la acostaron en una camilla, entra el doctor, la saluda, hablan un poco, él se acerca a ella y le saca un moco de la nariz, ella le pregunta ¿qué pasa? Que tengo ahí, él le dice, un moco y se ríe. Le dio vergüenza, pero no dijo nada. Cuando van en camino le dice a Raúl la vergüenza que pasó. A lo que Raúl le dice, oh, yo te lo vi esta mañana y se me olvido decirte. Ella lo insultó al estilo *nuyorican*, cuando me llamó todavía estaba enojada con ese Viejo. Niki, no hables así, le dije. ¡No vas a ir al cielo! Es que me enojó este y ahí me tiró otras. ¡¡Nikiiii no hables así!! Pareces un marino mercante. ¡¡Eres tremenda!! Y me empecé a reír. ¡No había más remedio, con esa mujer! ¿Y no te preguntó el doctor, oye nena que tú comes? Moco. Dame. No saca tú, como yo, saco. mmmmmmm. Ay, que puerca eres, me dice.

N&N LATINO KOOKING SHOW

Después de los restaurantes, y nuestros “trabajos”,

estuvimos un tiempo quietas, retiradas, aunque siempre haciendo algo. En la iglesia y en la casa. Me conseguí un trabajo en el sistema escolar de Corpus Christi en las guaguas-camión-bus de las escuelas como monitora de niños que tenían problemas y los mandaban a una escuela especial. Tenía como cinco horas libres entre el día, algunas veces salía y me iba para la casa de Niki. Tenía un ánimo tremendo. Algunas veces invitábamos a Sussy y algunas choferas de las guaguas escolares y nos íbamos a desayunar. O desayunábamos en mi casa.

Un día fuimos a desayunar a un restaurante y la conversación estaba tan buena que hemos hablado hasta por los codos, se acabó el desayuno, el mesero se cansó de venir a decirnos si queríamos la cuenta, hablaba con nosotros un ratito y se iba. Nos llegó la hora de la comida-almuerzo y almorzamos. Unas viejitas estaban al lado de nosotras, empezamos a hablar con ellas y juntamos las mesas. Ellas estaban encantadas pues estaban oyéndonos lo que estábamos hablando y hasta los teléfonos nos dieron para cuando volviéramos al restaurante las invitáramos. Una de las choferas estaba contándonos lo traviesa que era cuando era chiquita, que nos hemos reído en cantidad. Salimos casi corriendo para el trabajo. Yo a dejar a Niki y Sussy a sus casas.

En el 2006, vi en la televisión que estaban anunciando en el canal público, que necesitaban personas que quisieran tener un programa, pláticas, iglesias, etc., o lo que fuera, ¡oh se me prendió el foco!, cuando veo los programas que estaban enseñando, bien bobos y sin gracia. Si ellos pueden hacer eso yo también.

¿Niki? Tengo una idea… silencio. ¡Oh no, aquí vamos otra vez! Ok, ¿cuál es tu idea?, decía ella. Le expliqué lo que vi en TV. Y le dije vamos a empezar un programa de cocina, si esa gente puede, nosotras también, ¿qué te parece? Hay una persona ahí sentada en una silla enseñando los pies con unas medias-calcetines blancas y se oye una música y así está por media hora. Es lo que duran los programas. Yo he estado pensando hacer recetas fáciles, con ingredientes que se puedan conseguir fácil y baratos.

Ya empecé la lista de lo que vamos a hacer. Ahí voy para tu casa, le dije. Llegué y ya le planteé la idea más o menos. Ella era mi P.R. Llamó, habló con la persona encargada y en unas semanas ya estábamos en TV. El 18 de abril de 2006, hicimos nuestro primer programa. Le pusimos N&N Latino Kooking Show. La K por locas. Va a ser bilingüe, Niki, tú en inglés, yo en español, le dije. Empezamos con el sofrito puertorriqueño, el mojo, algunas recetas de ella. Yo tenía una cámara y con el control remoto la dirigía. El programa tenía que durar exactamente treinta minutos. Salía con todo y errores. No sabíamos cómo editar. Cuando en la iglesia se enteraron del programa, la esposa del pastor empezó a ayudarnos con la cámara. Nos ayudó más de un año. Por los compromisos de la iglesia ya no pudo, le dimos el trabajo a David, mi hijo, que me dijo que él podía hacerlo. Hizo muy buen trabajo, aunque algunas veces fallaba un poco. Veíamos el programa antes de llevarlo a la TV, Niki le decía, ¡¡David estas despedido!! David se ponía serio y le decía a Niki, ok, estoy despedido, me miraba y nos empezábamos a reír. Niki le decía, ok, David, te empleamos otra vez. Hizo muy buen trabajo. También retrata bien bonito, Gracias David.

LAS DETECTIVES

Una amiga, que creía que su esposo tenía otra, nos dijo que, si íbamos con ella a ver dónde se estaba metiendo el marido, le habían dicho que estaba frecuentando esta casa. Ella tenía la dirección. Le dijimos que sí, pero que teníamos que usar otro carro, porque él conocía el mío. En eso llega esta amiga, le decimos el plan ella dice yo voy con ustedes. Niki se fue a su cuarto y regresa con una peluca rubia, la amiga dice que tiene dos *hard hat* en el carro, la esposa se iba a esconder en el asiento de atrás. Ella solamente quería saber si el carro del esposo estaba allí. Yo no sé porque yo le dije a Niki, yo voy a guiar, tú te sientas en el asiento detrás de mí y cuando yo pase por el frente de la casa te fijas si el carro está ahí. Haciendo todos los preparativos se empezó a oscurecer, Niki con su peluca rubia y mi amiga y yo con los *hard hats*. Cuando pasamos por frente de la casa, le digo a Niki ¡esa es la casa! Ella dice ¿cuál?, ¿cuál?

Cuando salimos de ese barrio le preguntamos, ¿viste el carro? Que carro ni que carro, pasaste muy rápido, tú sabes que no miro, ¡¡¡yo no vi ná'!!! ¡Ay! se me olvidó de que esta vieja es ciega. ¿Porquè dijiste que sì? ¡De ná' te sirvió la peluca! ¡¡Sangama!! Ese fue el chiste de nosotras contando el cuento de cuando fuimos detectives. La señora no quiso volver. También se nos hizo de noche-tarde.

Poníamos el número de teléfono de Niki a principios del show. Algunas veces tenía que salir corriendo de casa de Niki, para ir a recoger los muchachos de la escuela. Usábamos su cocina que era chica y parecía que estábamos en un set.

Empezaron a llamarnos para decirnos que les gustaba el programa porque las recetas eran fáciles y sobre todo los ingredientes no eran exóticos o caros. ¡Tú ve', tú ve', Niki, te lo dije! Un día que hicimos una receta de funche, una crema de maíz; ¡¡nos llama esta señora para decirnos que la llevamos a su niñez cuando su mamá le hacía esa cremita y no era puertorriqueña!! Nos empezaron a reconocer en las tiendas. Especialmente en el supermercado. Una de las cajeras nos dijo que ella veía nuestro programa. O si estábamos en la línea alguien nos reconocía. Uuuu ya nos estamos poniendo famosas, nos decíamos. ¡Firmamos un solo autógrafo! a una nena que veía el programa con su mamá. También nos llamaban para felicitarnos porque los habíamos llevado a su niñez cuando sus padres hacían esas comidas. Nos preguntaban si podían venir al set a ver como hacíamos el programa. Les decíamos que el set era la cocina pequeña de Niki. Algunas personas vinieron. Amistades de nosotras también. E hicieron varios programas con nosotros. Hasta unos vendedores de una compañía que vende tortillas y comida mexicana que eran nuestros clientes en el restaurante, los invitamos a hacer un programa con nosotros e hicieron un plato riquísimo con las tortillas de ellos. Por poco nos quitan el programa. Porque invitamos a una compañía y mencionamos el nombre de la compañía y se vio el logo. La estación de televisión era pública. Nos perdonaron esa, nos dijeron la próxima vez tenemos que cancelarlas. De ahí nos portamos bien.

Les hicimos una comida-programa, a un grupo de

personas que trabajaban juntos en unas oficinas de doctores y veían el programa, nos llamaron para felicitarnos y decirnos que ellos tenían un programa en la televisión, de buscar fantasmas en algunos sitios. Los invitamos para que vinieran a comer. Les pusimos una mesa en la sala que sentaba 8 personas y la pasamos muy bien. Se fueron bien contentos, tarde para el trabajo, y bien servidos-comidos.

Para un día de San Valentín, les hicimos una comida a Jerry y Becky. Jerry sabía lo de la comida, pero Becky no. Hicimos un programa con ellos. Ese día era muy especial para ellos. Jerry siempre tenía tremenda sorpresa para Becky, que era coach. Las maestras, la familia de ellos, Niki y yo nos preguntábamos, qué iba a hacer Jerry este año para Becky. Siempre era algo diferente, bello y romántico. Se lo llevaba a la escuela.

Llevamos nuestro programa a dos escuelas superiores-*high schools*. Tenían una clase de cocina. Les cocinamos y después pasábamos el programa por la televisión. En una de las escuelas hicimos diez plátanos en tostones, no medio pesos, salieron más de cien tostones. Cuando esos muchachos probaron los tostones y lo demás que hicimos, no sobró nada. Hicimos varios programas en el banco de comida, en algunas iglesias, etc., nos decían que lo pusiéramos en YouTube. La nieta de Niki puso uno y nadie nos ayudó. Creo que Niki hubiera aprendido, ella aprendió como usar la computadora bastante bien, sola. Nunca se nos ocurrió.

Estas son algunas de nuestras anécdotas:

La regla del programa era que no importara como quedara la comida, Niki no podía hacer muecas, abrir los ojos, o decir que no le gustaba. Porque era tremenda y salía con cada cosa que la tenía que regañar y pelearnos, sin enojarnos y después nos reíamos.

Yo decía un montón de cosas en español, a ella le tocaba traducir o viceversa y algunas veces lo único que decía, para mí todo se oye muy bien. ¡¡No, tienes que decir lo que yo dije!!, le decía. Por lo general todo salía bien. Le servíamos primero a Raúl y a él le gustaba todo. Niki siempre decía, a Raúl le gusta todo, él nunca dice que no, por eso yo nunca le creo. A mí no me importa, él dice que esta bueno, le decía, yo le creo, ¡Zángana! ¡Así es que te callas la boca!

Ella hizo una capirotada-budín de pan mexicano; ese nombre se lo puse yo, que su suegra le enseñó cuando ella llegó a Texas, aunque es un postre mexicano a ella le gustó y aprendió. Yo le dije tú la haces, porque a mí no me gusta eso. La hicimos, al terminar la comida la poníamos en un plato nos sentábamos en la mesa del comedor y comíamos, hablábamos un ratito y se acababa el programa. Bueno, probamos la capirotada yo me serví un poquito, ella un pedazón. ¡Yo la pruebo y no me gustó, ¡sabía a centella! No dije nada. Estaba esperando que ella probara, cuando la prueba me mira, me abre los ojos, yo digo *wow* esta riquísima *¡wow!* Ella dice *¡wow!* ¡¡Vamos a una pausa, enseguida regresamos!! Le digo, ¿qué rayo es esto?, ¡sabe a centella! De por sí no me gusta… Ella me dice, no sé qué pasó yo le puse todos los ingredientes bien. Enséñame lo que le pusiste, ella fue a traérmelos cuando entra su nuera que había venido de Houston a visitar y le dice, mami, huele a nuez moscada, ¿qué hicieron? ¡¡¡Ella abre los ojos y dice oh no, le puse nuez moscada en vez de canela!!! Buscó la canela y no la encontró. Yo la encontré y le abro los ojos como me hacia ella y se la enseño.

¡¡Sabes que no miro!! Sí, Mrs. Magoo, por eso te digo que preguntes, chica!!!

Como dos días después, la llama esta señora y le da las gracias por haber hecho la capirotada, esa era la misma receta que usaba su mamá, y se me había olvidado. Me quedó bien buena, igualita que la de mi mamá, gracias, le dice. Nunca dijimos en el programa que la tuvimos que botar-tirar al zafacón-bote. Nuestras amigas sí supieron, y la familia ni se diga. Siempre nos decían ustedes son locas de verdad, y graciosas.

.

Íbamos a cocinar comida puertorriqueña. Compré tres plátanos verdes. Antes de empezar el programa, pusimos todos los ingredientes que íbamos a usar excepto los plátanos, le pregunto a Niki: ¿dónde están los plátanos? Que sé yo, me dice ella. Los busqué en la cocina, la sala, el comedor, fui al carro y nada de plátanos. Ella me dice, ¡¡los dejaste en la tienda!! Los dejaste en la tienda, yo no veo, ¡pero a ti todo se te olvida! ¡¡No!!, porque yo sé que los traje, ¡contra! Por aquí tienen que estar. Bueno hicimos el programa sin plátanos. Me fui para el trabajo, en la tarde me llama, riéndose que no podía hablar. ¿Qué pasa Niki?, vale más que el chiste sea gracioso. Los plátanos, los plátanos, me decía ella. ¿Los plátanos?, le digo yo. Sí, sí, los encontré y ni te imaginas donde... Risa y risa. Los metí dentro del microondas. Le iba a calentar a Raúl su comida, —ese día Raúl estaba jugando golf— y ahí estaban. Y no dejaba de reírse. ¡Oh sí, verdad y a mi es la que se me olvida todo! ¡Canto de loca! ¡La ciega y loca eres tú! Me tuve que reír también.

Para el programa, Niki quiere hacer una sopa de calabaza. Saqué la receta del internet y se ve riquísima: me dice. A mí no me gusta la calabaza, yo me como todo —desde que llegué a Texas—, aunque no me guste, por lo menos lo pruebo. Unas veces hacíamos mis recetas otras veces las de ella. Tengo todo menos esto, me dio la lista, fui y las compré. Hacemos el programa, vi que se sirvió poca sopa. ¡Yo nada más la probé, oh!

¡Qué rica sabe!, dije yo. ¡¡Está deliciosa!! A Raúl y David no le preguntamos porque se la comieron toda, salió de su guarida. ¿Y preguntó, eso fue todo lo que hicieron? Porque a mí no me gustó, dijo. David no dijo nada, pero me movió la cabeza e hizo una cara de no me gustó. Él siempre nos quería complacer en todo, él no daba su opinión. Para ese tiempo David ya era nuestro camarógrafo. Niki y yo vivíamos despidiéndolo y empleándolo de nuevo. Él solamente se reía y movía la cabeza. Decía, *I'm hired again*-me empleas otra vez? *Yes David you are hired*-si David te empleamos. Veo a Niki, y le pregunto porque se sirvió tan poco, ¡ay! ¡Porque a mí no me gusta la calabaza, a mí tampoco! ¿Por qué rayos la hiciste, chica? Porque se veía bien linda en el internet. Ahí te la puse para que se la lleves a Enrique, él se come todo. Lo siento porque a él no le va a gustar eso. Me la llevé y también me dijo esta buena, pero... Le dije, ya no vamos a hacer más comidas del internet. Si las quieres hacer, entonces tú compras todo. ¡Yo compré casi todo, contra!

Me mandaron de Puerto Rico una fruta que se llama citara, algunas veces son dulces otras agrias. Le dije que nos la íbamos a comer en el programa. Ella me dice, vale más que me guste, yo no sé lo que es eso. En el programa explico lo que es y que tiene una semilla bien rara, que cuando uno la come debe tener cuidado con la semilla, pues tiene como unas espinas que te pueden hincar la boca. ¡Ella me mira con ojos de yo no me como eso! Y ahora Niki la va a probar, dije. Cuando ella la muerde le tocó una agria, me dice, ¿qué rayo es esto? ¡Toma, yo no me como eso! Yo decía es mentira de ella, son bien buenas. ¡¡Te las comerás tú, porque yo no!! Viene Raúl que no se había dado cuenta que ya estábamos grabando el programa y pasa por el medio yo digo, ¡oh! ¡Aquí viene Raúl! Él nos mira sorprendido y dice ¡oh!, yo creía que todavía no empezaban. Le digo a Raúl, tenga pruebe esta fruta está bien buena, Niki me mira, Raúl coge la fruta le pega una mordida, era la que había mordido Niki; hace una cara y me la da y se fue no dijo nada. ¡¡Ya ves, a Raúl tampoco le gustó!! Mira bien a la cámara y dice sabe a centella. Yo digo, mordiendo la mía, ¡¡mmm sabe a gloria!!

El programa continuo por 6 años. En esos seis años nunca practicábamos lo que íbamos a decir, todo era lo que nos venía a la mente.

Entre el programa, la iglesia, y demás. Estas son algunas anécdotas que nos pasaron.

EL MOTO

No sé porque Niki siempre me creía lo que yo le decía, me pedía mi opinión en muchas cosas. Como yo leo mucho; le decía algunas veces, bueno yo leí... No sé, ella me creía todo. Un día me dice que el hijo de ella encontró un teléfono chico, como a Niki le gustaban y se lo arregló para que ella lo usara. Ella me dice que ese teléfono no le gustaba porque siempre le estaban mandando cosas feas-frescas, como pornografía, retratos de mujeres desnudas y cuando lo prendo dice moto. Oohh, yo creo que ese teléfono es de un drogadicto, ella me pregunta ¿y por qué tú sabes eso? En Puerto Rico a los drogadictos le dicen moto, y a lo mejor es puertorriqueño para poner moto ahí. Llega ella a la casa y le dice al hijo, toma aquí está tu teléfono, no lo quiero, porque dice Nydia que es de un drogadicto, porque dice moto. ¡El hijo empieza a reírse y le dice que moto ni que moto! Mami, dice moto, ¡por Motorola!

Me llama riéndose que casi no podía hablar, y me dice lo que le dijo el hijo y me dice, ¡¡y yo como bruta te creo todo lo que tú me dices!! ¡Ya no te voy a creer ná'!

Eso era cierto cuando yo le decía algo me creía. Algunas veces la oía decir, sí porque Nydia dice... Pero yo también le creía a ella, y hacía lo que ella decía, como ir a recoger a la señora Tony.

El cáncer regresó, agresivo, después de que le encontraron el primero. Como quiera, seguimos haciendo el programa. Ella nunca se quejó, ni cuando cogió los pocos quimios que tomó.

TONY

Empezamos un grupo de oración en casa de Niki, nos reuníamos todos los martes a las 7 de la noche. El pastor Raúl nos daba un pequeño devocional, orábamos por las diferentes peticiones, decíamos algunos testimonios. Niki y yo siempre inventábamos algo para comer, o lo que nos sobraba del programa. Lo pasábamos de lo mejor. En el programa empezamos a invitar al grupo de oración. Algunas personas llamaban para que las pusiéramos en el libro de oración y orar por ellas o ellos. Todavía tengo los libros.

Un día me llama Niki y me dice: Nydia, tienes que ir por esta señora que me llamó, dice que ella ve el programa y que le gusta mucho. Le gustaría venir al grupo de oración, y no tiene carro. Yo le dije que me diera su dirección que tú ibas por ella. Me dio la dirección y yo vi que era una calle medio peligrosa y vivía en un motel. Yo de tonta no pensé, le dije que sí. Niki sigue hablando y me dice, ¡ah!, está buscando trabajo y necesita unos pantalones negros y camisas blancas. ¿Le preguntaste, y te dijo el tamaño? Sí, dice que como medianas. Ok, yo tengo unas camisas blancas que ya no uso, de mi otro trabajo, me las llevo. Niki dice, yo tengo unos pantalones negros que ya no uso, se los doy. Bien allí estaremos. Nos vamos David y yo, le digo a David que se siente en el asiento de atrás para dejar la señora al frente.

Llegamos al motel, la señora me está esperando, ya está un poco oscuro, bajo el cristal y le digo, ¿Toni? Sí, me dice. Se subió al carro y cuando yo volteo veo que Toni tenía una *t-shirt* blanca y un *blue jean* y el pelo hasta los hombros y... ¡¡tiene barba!! Y muy afeminado. Me empieza a hablar y hablaba como mujer. Me asusté y empecé a orar y a pedir protección a Dios. No porque fuera afeminado sino por lo que me decía. Enseguida me dio detalles de su vida. David calladito en el asiento de atrás.

Me empieza a decir que necesitaba 40 dólares para ir a sacar su ID porque lo necesita para su trabajo, me cuenta un poco de su historia, que estaba viviendo en ese motel en lo que consigue casa. Que le encanta el programa, yo orando y orando. Cuando llegamos a la casa de Niki, el pastor ya estaba ahí. Todavía no llegaba nadie. Cuando yo le digo a David que se baje, Toni no se había dado cuenta que había alguien más en el carro. Ha pegado un brinco que por poco pega arriba en el carro, y me dice, ¡ay! ¡¡No sabía que venía alguien más!! Es mi hijo, le dije.

Nos bajamos, yo caminé al frente, entró a la casa y están Niki y el pastor cerca de la puerta, esperando a la señora, le abro tremendos ojos a Niki, como ella me los abría. Cuando entra Toni, ella me abre los de ella y le digo mju. Ella dice ¡¡oh mai!!

Introduje a Toni, miro al pastor que ni sabe lo que está pasando. Tenemos el compañerismo, gracias a Dios no vino nadie más, él da su testimonio y dice que acaba de salir de la cárcel, lo que pasó en la cárcel, cuando entró pesaba más de 200 libras, salió muy flaco, su ropa ya no le servía. Su niñez fue muy mala y triste, lloró, lloramos, a la hora de comer, comió como si no hubiera comido en una semana, se disculpó, y le dijimos que no se preocupara que siguiera comiendo. No se llevó comida porque no sobró.

Casi siempre era lo que sobraba del programa, más quizá algunos sándwiches que hacía Niki o yo llevaba algo. En la cocina Niki me dice, se chavó la ropa que le íbamos a dar de nosotras. ¡Cállate!, después hablamos, le digo entre dientes, no muy contenta.

Nos empezó a decir que necesitaba 40 dólares para sacar su tarjeta de identificación, le dijimos que no teníamos. El pastor Raúl le dijo, déjame tu teléfono y mañana nos encontramos en la oficina de las licencias y te la saco. Niki le dijo, Nydia y yo te buscamos ropa y te la llevamos. Ella ya sabe dónde vives.

Lo llevamos David y yo de regreso, cuando me dice que, si yo puedo ir a una ATM, para que le saque los 40 dólares, le digo que no. Entonces se me quito el miedo y me dio coraje. Este me quiere robar, pensé. Dios mío, ¡pastor Raúl debió de haber venido con nosotros! Le dije, mira Toni, si tú tienes malas intenciones con nosotros que creímos tu cuento, déjame decirte nosotros somos cristianos y estamos dispuesto a ayudarte, pero una cosa sí te digo, el que se mete con un hijo de Dios, vale más que se cuide porque le va a ir muy mal. Especialmente a los mentirosos. Nosotros somos retirados y vivimos de un cheque al otro, no tenemos dinero, yo conmigo no traigo nada. Así es que ten mucho cuidado con quien te estás metiendo. No recuerdo que más le dije porque le estuve hablando hasta que llegamos al motel. Se puso derechito, mirando hacia adelante y ya no dijo más. Llegamos al motel, era el primer cuarto mirando hacia la calle. Cuando llegamos se bajó del carro que ni las buenas noches, ni las gracias me dio. David me dice, ¿mami, me voy al frente? No, no, quédate ahí, di una vuelta completa para regresar al expreso y veo que entra al cuarto, hay una ventana abierta con la luz prendida y veo a un hombre levantando los brazos y como amenazándolo. Me fui volando.

Cuando llego a mi casa, llamo a Niki y le digo lo que me pasó y le pregunto por qué me dijo que era una mujer. La sinvergüencita empieza a reírse y me dice, cuando yo hablé con él se oía como una mujer y me dijo que se llamaba Toni, y como a las Antonia le dicen Toni, yo creí que era una mujer. Entonces nos reímos, cuando le contamos al pastor Raúl, después de reírse, nos dijo que el número de teléfono no servía. Cuando le conté lo de la ATM, le dije, usted debió de haber ido con nosotros. No pensé que quizá estuvieran en peligro, me dice el pastor, él se veía inofensivo. El Señor los cuidó, hermana, también el pastor se rio y dice, ustedes son buenas amigas. ¿Buenas amigas? ¡¡Me dieron ganas de matarla y yo de boba para hacerle caso a esta mujer!!

¿Y la ropa que teníamos para él? Cuando le conté a mi hermano David lo que nos pasó, me dice, le hubieran dado la ropa, a lo mejor le hubiera gustado. Todo el mundo lo cogía a charla menos yo. Bueno no tanto, yo también me reí. Le dije a Niki, no me vuelvas a llamar para ir por gente que no conocemos, aunque sean los que ven el programa. Si no tienen carro que se queden en su casa, y oramos por ellos.

Entre el programa, la iglesia, mis ideas y el cáncer de Niki. Siempre teníamos algo que hacer. Y reírnos

Niki tuvo una operación en los ojos que ya no tenía que usar espejuelos, ahora veía mejor que yo. Lo único que siempre vivía levantándose los "espejuelos" con el dedo del corazón, yo le decía, ¡¡Niki ya tú no tienes espejuelos y déjate de levantártelos con el dedo ese!! Un día de estos van a creer que le estás levantando el dedo a alguien y te van a meter una galleta-cachetada. Ay, sí, me decía, es que estoy tan acostumbrada a los espejuelos que no me doy cuenta. Imagínate desde los 9 años usando espejuelos. Por lo menos sus últimos años no los necesitó. Veía 20/20. Entonces Mrs. Magoo era yo.

Ella siempre compraba las monturas más caras que había. Casi siempre iba con ella. ¡Le enseñaban monturas y me decía, no yo no voy a comprar eso! ¡Quiero las más caras y las más bonitas! Desde los nueve años estoy usando espejuelos y ahora no me importa lo que dices, ni lo que Raúl piense. Cada vez que tengo que comprar mis lentes, Raúl le quiere dar un ataque del corazón, cuando ve lo que tiene que pagar.

Ella le decía a Raúl; ¡¡mis espejuelos son mi cara!! Nunca entendí porqué decía eso. No sé por qué dices eso, tu cara es la misma con o sin, fea, le decía por molestarla. Ella me decía la fea eres tú, zángana. ¡No, tú!, le decía. ¡Compra lo que te dé la gana, al cabo yo no voy a pagar! Pues cállate la boca, zángana, me decía. Ayúdame a buscar una bonita. Me imagino que Raúl estaba bien contento, porque ya no tenía que comprar más monturas.

QUIMIO

Se le cayó el cabello-pelo con el poco quimio que tomó, me decía que se sentía cansada, pero quería seguir el programa. Algunas veces parábamos el programa, ella se sentaba un rato y seguíamos. La amiga de nosotros, Chris, le cortó el poco pelo que le quedaba y a mí me rapó también, nos tomó una foto y la mando al periódico.

Con nuestra amiga Chris hicimos algunos programas en su casa. Ella nos corría la corriente a pesar de ser anglo, habla español, y le gusta nuestra comida, menos las alcapurrias. Chris fue conmigo a Puerto Rico de vacaciones, comió de todo, menos alcapurrias, cuando las probó, se me queda viendo, con la mitad de la alcapurria en la boca y me dice entre dientes, tienen buen sabor, pero me recuerdan un mojón, lo siento no me la puedo comer. Yo le dije, pues dámela pá' cà' que yo me la como.

También es una excelente cocinera-chef sin título como yo, especialmente dulces. En uno de los programas que hicimos en la casa de Chris, Niki dijo una palabra mala-maldición y tuvimos que cortar para regañarla, se fue Chris para un cuarto y trae un *masking tape* como de 2 pulgadas de ancho y se lo puso en la boca, Niki se quedó muy seria, yo me empecé a reír y le digo a David que grabe a ver como Niki sigue reaccionando, a la gente le gustó ese programa. Y nos hemos reído en cantidad.

Ella fue la única persona que pudo hacer que Niki se

tomara un té, ella odiaba los tés. Chris le llevó una sopa y un té, ella no sabía que a Niki no le gustaban. A Niki le dio pena decirle que no le gustaban los tés. Ah, sí, le dije yo, conmigo nunca te ha dado pena decirme que no, nunca has querido tomarte uno, comer el "pegao", los chicharrones de pollo, el mondongo, los camarones, el vinagre y un montón de cosas más. Ni con Alma te comes el menudo y las tripas y ahora te tomas él té. Tengo que preguntarle a Chris qué te dio.

Ella decía que su papá se sentaba en la mesa con una correa-cinturón cuando no querían comer lo que su mamá hacia o él, y se lo tenían que comer. ¡Ella juró que cuando fuera grande, jamás! ¡nadie la haría comer lo que a ella no le gustaba! ¡¡Excepto Chris!! ¡Qué bonita te parió la "comai"!

LOS TÉS

Me regaló Niki unos tés que una amiga le había dado, porque a ella como saben no le gustaban los tés. A Enrique y a mí nos gustan mucho. Me dio más de diez cajitas. Le empecé a dar a Enrique en la noche, cada día uno diferente. Yo también me hice unos cuantos. Un día me dice que el té que le di le dio dolor de estómago. Enrique siempre checaba las fechas de expiración y no se podía pasar más de algunos días, porque ya no servían, según él. Fuera lo que fuera, chequeo los tés y el que le había dado tenía ocho años de expiración. Chequé los demás tés y todos estaban expirados más de cinco años. Llamé enseguida a Niki y le digo, mira canto de loca ¿quién rayos te dio esos tés que me diste? Están todos expirados y uno de ellos le hizo mal a Enrique. Me dice, oh, esa fue mi amiga que el esposo trabaja en un supermercado, cuando sacan lo que esta expirado él se lo trae para la casa porque no están tan viejos. Ella me trae mucha comida y nosotros nunca nos hemos enfermado. ¡Que no están viejos! ¡El que le di a Enrique estaba expirado hace ocho años! ¡Y los demás más de cinco años! Canto de loca, ya no me dés ná'! ¡Y no te rías que esto no es juego! Boté-tiré todas esas porquerías y ni le voy a decir a Enrique, le dije.

Estaban de vacaciones unos parientes de Enrique de Méjico en la casa. Estaban hablando-platicando en la sala. Le dice Enrique al pariente, ¿me puedes hacer el favor de decirle a

Nydia que me prepare un té? Yo estaba en la cocina. Cuando me dijo, me di cuenta de que no había comprado té y solamente tenía una cajita de té que le había comprado a mi hija. No quería ir a la tienda, después de pensarlo un poco, le preparé uno de los de nuestra hija. La próxima noche le dice otra vez el pariente lo mismo. Viene él y me dice, Tío quiere otro té como el de anoche, dice que estaba muy sabroso. El té le cayó muy bien, durmió toda la noche. Hágame uno a mí también, para acompañarlo. ¡Oh no, se me olvido comprar te otra vez!, pensé. Me empecé a reír, me pregunta porque me río y le digo, no le vayas a decir a Enrique qué clase de té le di, es para los dolores de menstruación. Se me olvidó comprar el té para él. Le voy a tener que dar el mismo té. ¿Tú también quieres uno?, le pregunto. No, no, tía muchas gracias. Nos hemos reído en cantidad en la cocina, mientras le preparaba el té a Enrique. Ya, ya, vamos a dejar de reírnos, ve y llévale el té sabroso antes que le dé dolor de menstruación.

Cuando le dije a Niki y mis amigas se rieron en cantidad y como Niki decía, que yo tenía la culpa de todo, yo decía también; fue culpa de Niki. Ella no toma tés, pero se los da a otras personas y vencidos, y no unos meses, ¡años!

En la vida de Niki sucedieron muchos milagros. En uno de los chequeos que le hicieron en la vejiga le apareció una mancha otra vez, que los doctores creían que el cáncer había regresado. Como siempre no me dejó ir con ella. Le querían hacer otros exámenes. En la iglesia oramos, cuando fue al examen, dice ella que cuando estaba en la camilla esperando al doctor para el examen, ella estaba orando y de pronto oyó un ruido tan grande que la camilla se movió, ella pensó qué sería lo que se cayó. Quién sabe qué pasaría, pensó. Como en 20 segundos entró una enfermera y ella le pregunta qué pasó, qué fue ese ruido. La enfermera le dice que ella no oyó nada que quizá es la imaginación de Niki, porque estaba nerviosa. Le hicieron el examen, la mancha no se vio y todo salió bien. No volvió a padecer de la vejiga. Amén. ¡Para la Gloria a Dios!

Llego a casa de Niki para ir a la iglesia y se me hizo raro que la tuve que esperar. Ella siempre estaba lista. Cuándo llega al carro le pregunto qué pasó, ¿te quedaste dormida? Es que tengo una infección en los riñones y tengo mucho dolor y me dije, como el dolor no se me va a quitar si me quedo o si voy a la iglesia, me voy para la iglesia. Empezó el servicio. La esposa del pastor estaba dirigiendo la primera parte. De pronto dice, hermanos, siento que el Espíritu me dice que debemos orar por alguien que tiene una infección de riñón. No sé quién es, pero siento que debemos de orar. Niki me mira y yo a ella. Varias personas pasaron al frente y le digo a ella vamos para el frente, toda la iglesia oramos por ella. Cuando se terminó el servicio, me dice Niki; Nydia, el Señor me sanó. Fue y le dijo a la pastora que la persona con el dolor del riñón era ella.

NIEVE EN CORPUS CHRISTI

Niki siempre me decía que ella sabía que no iba a volver a ver nieve. Nadie de su familia vivía ya en New York, y que le gustaría ver nieve antes de morirse. Ora para que puedas ir a New York algún día, le dije. Yo no sabía que ella ya había hablado con el Señor.

En 2004, en víspera de Navidad, ¡¡nevó en Corpus

Christi!! Hacía 100 años que no nevaba en esa parte de Corpus Christi. En la mañana, la llama su hijo David y le dice, ¡mami, nevó anoche! Ella le dice, oh si ya lo creo. No, mami, ¡es cierto! Le dice, oh, yea, yea. ¡¡Mami es cierto!! ¡Mira por la ventana! ¡Fue y vio…tremenda nevada! todo estaba blanquito. Nevó varias pulgadas de nieve.

Yo estaba en San Antonio pasando la Navidad con mis hijos y me perdí la nevada. ¡Me llama y me dice, ¡Nydia me voy a morir!, ¡me voy a morir! ¿Qué pasa, chica? ¿Te sientes mal?, le pregunto. ¿Oíste las noticias?, me dice. No, ¿qué pasó? Vuelvo, y le pregunto. Y me contesta, nevó anoche y parece que estoy en New York con tanta nieve que cayó. ¡Ay! ¡Embustera! yo no he oído nada. ¡Sí, sí, es verdad y me voy a morir! ¿Por qué? Todos nos vamos a morir, le dije. Hablando con el Señor le dije que me dejara ver nieve antes de morirme. Y me dice, muy preocupada, ¡¡yo no me quiero morir todavía!! Ahí sí que no te puedo ayudar, además uno se muere cuando le toca, le dije.

No se murió ná', hasta jugó en la nieve. Después de eso duró ocho años más. Yo le decía, Dios cuida los suyos y a los lengüilargos también. Más risa. ¡Qué bueno es el Señor!

Hablando con la esposa del pastor nos empezó a contar lo que pasó en Walmart. Una persona se enojó con otra y dice la hermana, que este hombre le cantó a otro hombre en la tienda, el hombre se enojó, y saco una pistola. A lo que Niki le dice, a lo mejor no le gustó la canción. La hermana la mira, y cambió el tema. Cuando íbamos de regreso a la casa de Niki, le digo, yo creo que no entendimos lo que la hermana estaba diciendo. No, no, eso fue lo que pasó, ¡no le gusto la canción!, me dice Niki.

Dejo a Niki en su casa, me voy a la mía. Me llama riéndose. Le había dicho a Raúl, su esposo, que es mexicoamericano la conversación de la hermana. Dice Nydia, que a lo mejor ella quería decir otra cosa. ¿Qué es eso de que le cantó? Oh, esa es una expresión de pachucos-gente del barrio, quiere decir que lo insultó. ¡Tantos años viviendo en Texas y todavía no entendíamos a los tejamos!

Cuando le dijimos a la hermana, no había más remedio que reírnos. No se preocupen hermanas yo algunas veces tampoco las entiendo a ustedes, nos dice. Que más, no pudo faltar la risa.

Llevé a Niki a sacar su tarjeta de identificación. Cuando nos subimos al carro se da cuenta que no le habían puesto fecha de expiración. ¡Ea, rayo!, esto no está bien, ¡se les olvidó poner la fecha de expiración! ¿Vamos a decirles? Bueno, yo creo que se dieron cuenta de tu edad, que ya estas pa' expirar, chica! Le digo. ¡Ay que graciosa, a lo mejor expiras tu primero que yo! Puede que así sea, nadie sabe, le digo. Por ahora en la lista estas tú. La risa es la mejor medicina.

EL PAYASO LOCO

Nuestra amiga Anna tenía un restaurante, yo trabajé con ella un tiempo; también hemos tenido una amistad que perdura hasta hoy en día. El restaurante estaba teniendo problemas y estábamos buscando maneras de atraer clientes. Niki dice, yo tengo un disfraz de payaso, me lo puedo poner para llamar la atención al frente del restaurante. Puedo anunciar un especial. Se vistió de payasa y cada rato venía a tomar agua y descansar, hacía un calor horrible. Estábamos en pleno verano.

En la noche llega el hijo de ella, y le dice, hoy Anna tenía un especial y tenía un payaso que yo creo que estaba loco. ¡Vestirse de payaso con el calor que ha hecho hoy! La gente es loca. Niki se quedó calladita. Rápido me llamó para decirme del payaso loco.

Los sábados Anna cerraba el restaurante a las 10 de la noche. Yo no trabajaba los domingos, recogíamos a Niki y nos íbamos a comer papas fritas con *ranch dressing*. El restaurante abría las 24 horas. A Niki no le hacía bien el *ranch dressing*, como ya saben y siempre paraba en el baño. No dejaba de comerlo como quiera. Algunas veces le afectaba rápido otras no. Nos quedábamos hasta bien tarde. Venían algunas amistades que sabían que ahí nos encontraban.

Un día llega este amigo de Anna, entre todo lo que hablábamos, llegò el tiempo de irnos, y dice Anna, ¡ay! vámonos porque ya tengo la pipa llena. El amigo nos mira y pregunta qué quiere decir pipa? Anna le dice la barriga-estómago-pansa.

Ahí empezamos otra conversación y estuvimos como una hora más. Riéndonos de las palabras de Puerto Rico y las tejanas. El amigo se levanta, se despide así, bueno ya es muy tarde me voy porque ya tengo la pipi llena. Abrimos tremendos ojos y le dice Niki no, no la pipi, la pipa. Cuando ese hombre se da cuenta lo que dijo, nosotras riéndonos a carcajadas, la poca gente que quedaba allí viéndonos como, ¿qué pasa? El pobre hombre solamente dijo buenas noches, lo siento, adiós. Ahí nos quedamos otro rato riéndonos.

Fuimos a un entierro de este hombre, que ni conocíamos, pero la familia iba a nuestra iglesia. Empezamos a hablar con una prima que nos dijo casi toda la historia de esa familia, señalando las tumbas de los familiares ¡El muerto había sido marido de dos hermanas, horrible! Al abuelo lo mataron y lo cortaron en pedazos, lo pusieron en un saco y lo pusieron colgando de un árbol. Dos o tres de ellos se suicidaron, la historia seguía, Niki, pastor Raúl y yo no lo podíamos creer. *¡Wow!* Era todo lo que decíamos. Niki sale y dice, oh, Nydia yo creo que nosotras hemos vivido una vida bien aburrida. Un solo marido, yo por más de 50 años, tú más de 35... iba a seguir y el pastor la interrumpió. *Well, sister, sometime boring is better* (bueno hermana algunas veces ser aburrido es mejor). Me gusta esa frase más en inglés.

Niki y yo estábamos haciendo unas tablitas de madera con mensajes positivos, los vendíamos para fondos de la iglesia. Le hicimos uno con esa frase y él la puso en su oficina, algunos clientes la veían y le preguntaban qué significaba, él les decía, es una historia larga. Algún día la contaré. Él tenía su trabajo con el estado y también era copastor.

Para una Navidad hicimos una comida puertorriqueña para los soldados en la base. No sé qué pasó que casi no fue nadie. Quizá se fueron de vacaciones para Puerto Rico. Sobró mucha comida y nos dijeron que nos la lleváramos. Íbamos de regreso a la casa, cuando las dos casi dijimos al mismo tiempo ¿qué vamos a hacer con esta comida? Ya sé vamos a llevársela al pastor que tiene el sitio de rehabilitación. Eran ya como las 12 de la noche. ¿Estarán despiertos? pregunta Niki. Vamos a ver, le digo. Fuimos a la entrada y no pudimos entrar estaba todo oscuro, como que ya estaban acostados, cuando dimos la vuelta vimos luz en una de las casitas, que quedaban cerca de la acera-banqueta. Nos bajamos, ¿hay alguien despierto?, le gritamos bajito. Abrieron la puerta y les dijimos que teníamos una comida fresca que nos sobró de una fiesta, ¿la quieren? Esos muchachos empezaron a gritar y a alabar a Dios que yo creía que iban a despertar al líder. Les dijimos lo único, es que es comida puertorriqueña. ¡Más griterío! llamando a los compañeros y alabando a Dios, nos dicen, todos somos puertorriqueños, hermanas. *¡WOW!* La pueden guardar para mañana si quieren. ¡Para mañana! Nos la vamos a comer ahora, no hemos comido. Bueno pues que la gocen. ¡Buen provecho! ¡Qué Dios los bendiga! ¡¡¡Amén!!!, dijeron todos.

Cáncer, algunos dirán, si Dios la sanó, ¿por qué regresó? Eso es asunto de Dios, no mío. Ella aceptó su cáncer con valentía y confiando siempre en Dios. Por su edad decidió no seguir con el quimio.

Ella no quería morir, por sus hijos y nietos, me decía, quiero ver a mi nieta graduarse de escuela superior, el Señor se lo concedió. Después me dice, ay, yo no me quiero morir hasta que mi nieta se gradué de colegio; era su única nieta, Niki tuvo todos varones incluyendo los nietos. Esa nieta era su vida. La adoraba. Bueno la vio graduarse. Ay, ahora quiero que Dios me deje verla casarse. ¡¡¡Mira ya cállate la boca!!! ¡Zángana! Tú no te quieres morir ná', ya no te creo. ¡¡No te vas a morir!! Y nos reíamos.

Creo que, Dios sí la estaba oyendo porque también la vio casarse. Yo creo que no le pidió ver un biznieto, no me dijo; porque no vio uno sino una biznieta y dos biznietos gemelos, de su nieto, hermano de su nieta. ¡Dios es bueno! ¡Eso fue de cachete-gratis, Niki!

MRS. MAGOO MOMENT

A la hora que fuera, si algo le pasaba, especialmente gracioso, me llamaba. Estaba viendo televisión y vio una cucaracha al frente del televisor, pegó un salto, corrió para la cocina y trajo el aerosol de cucarachas y empezó a echarle a la televisión por el frente, pensando que se había ido para detrás del TV, bañó la TV de aerosol. Como la cucaracha se escapó, empezó a llamar a Raúl para que la buscara. Raúl vino y no la encontró. Al rato aparece otra vez la cucaracha en la TV, ella le grita, ¡¡¡*babe*, la cucaracha, la cucaracha otra vez!!! ¡¡ Sale corriendo del cuarto, hasta que no la mates, no nos acostamos!! Entra Raúl a matar la cucaracha y se da cuenta que es un anuncio de un aerosol para cucarachas. La cucaracha salía corriendo de un lado al otro del TV. ¡¡Como huyendo del aerosol!! Oh Mrs. Magoo!! No nos quedó más remedio que reírnos.

Después de grabar el programa, estábamos Niki, David y yo en la mesa del comedor. Niki me estaba enseñando un librito que le había comprado al nieto, porque le gustaban mucho los insectos, ¡¡su nieto muy inteligente!! Conocía mucho de los insectos, tan chiquito, como toda abuela… que si pacatín que si pacatán, como decía mi hermana Gelica. Abre el libro y ve un insecto grandote, ella pega un grito, yo también, tira el libro al piso, nos levantamos de la mesa, y cuando vemos eso tan grande,

¡Ella me decía, mátalo!, ¡mátalo! David se va para la sala con los brazos levantados hasta la cara, Charlie, el perro se fue corriendo para el cuarto. Niki y yo gritando como dos locas. ¡Yo le decía mátalo tú!, ¡mátalo tú!

Ella tenía la escoba en la cocina, cojo la escoba abro la puerta que va para el patio, barro el gusano largo, ¡¡nos asomamos por la puerta y dice Niki, ¡son dos cucarachas fornicando!, por eso es tan largo ¡Yo noto que "las cucarachas" no se mueven y le digo yo creo que están muertas! Yo, como soy más valiente que ella, cojo la escoba y lo muevo. No se mueven y me doy cuenta de que es un cienpiés de plástico. No podíamos dejar de reírnos. ¡Voy a matar al nieto por haber dejado eso ahí! Oh sí, Mrs. Magoo. ¡Nos vas a matar del corazón a mí, a David y a Charlie! Creo que si lo hubiéramos grabado podíamos haberlo mandado a los *funny* videos.

Fuimos a unas clases de computadora al centro de envejecientes, habían más de mil años juntos, parecía un club de *medicare*, la más vieja tenía 90 años. Niki y yo éramos las nenas. Muchos traían sus tabletas, *lap tops*, Niki y yo usamos las computadoras del lugar. ¿Mencionan algo que yo entendí *flash lite*, Niki no oyó bien y me pregunta, ¿qué dijo? Yo creo que dijo *flash lite*, me ve ¿cómo?, ¿qué es eso? No sé, alza la mano y pregunta. No, porque van a decir que no sabemos ná'. Cuando yo llegue le pregunto a mi hijo, me dice. En la noche me llama y me dice, mira canto de bruta, yo estoy ciega, pero tú, estás sorda. No dijeron *flashlite*-linterna-foco, dijeron *flash drive*. ¡¡Qué bueno que no pregunté!! ¿Y qué rayo es eso?, le pregunto. Otro momento de risa. Niki se compró una computadora y aprendió mucho ella sola. Algunas veces la computadora le decía que le estaba dando muchos comandos… porque se enojaba sino le salía como ella quería. Sabía más que yo. Y todavía yo no sé mucho. Cuando oí la primera vez la palabra mouse-ratón, pregunté, ¿y pa' que rayo quiero un ratón, pa' escribir en una computadora? Después que se rieron, me explicaron mis hijos, porque me querían comprar una computadora, me la regalaron para Navidad.

Otra clase que tomamos fue de ejercicios, también para envejecientes. No duramos mucho porque Niki dijo que ahí estaba lleno de viejos, igual que en la clase de computadoras. Hacían ejercicios en sillas y que ella no quería ir más. Ay, tú, te crees muy joven, bueno no vamos más. Vamos a concentrarnos en el programa, en la televisión, y a pasearnos con las amigas, le dije.

Cuando íbamos a comer a algún restaurante, donde no había meseras, yo rehusaba botar-tirar la basura. Mi excusa era que ya estaba cansada de limpiar mesas en mi casa. Tenía seis hijos en la casa, que parecía que nunca se iban a ir de la casa, mi esposo que le servía como a un rey, los amigos de mis hijos, que hasta las ollas me abrían. Me decían Mrs. Urbina eso se ve bueno. Los invitaba, nunca decían que no, con postre y todo.

Por eso siempre le decía a Niki y siempre protestaba, yo le decía limpia tú lo tuyo y lo mío. Me salía riéndome. No la dejaba sucia. Ella siempre la recogía.

Fuimos a McDonald a almorzar-comer con tres amigas. Me tuve que ir, me despedí y sin recoger lo mío, me fui. Una de las muchachas iba a llevar a Niki a su casa. Cuando terminaron de comer, iban a recoger la mesa, Niki les dice, Nydia siempre me dice que no recojamos la mesa porque ya recogemos bastante mesas en la casa. No la recojamos nosotras tampoco. Se levantaron y se fueron. ¡¡Alas!! Se dio cuenta de que se le quedo la cartera en el restaurante. Se desesperó, enseguida llamo a McDonald's y le dijeron que allí la tenían. Me llama para exigirme que la llevara a McDonald's. ¡Ahora mismo! Porque por tu culpa se me quedó la cartera; me dice. ¡Ahora sí que estas bien graciosa! ¿Por qué yo tengo la culpa? ¡Si yo no estaba allí! Le digo. Me dice ella, ¡tú tienes la culpa por decirme que no recoja la mesa, que tú limpias bastantes mesas en tu casa! Yo les dije a las muchachas que no la limpiáramos por lo que tú dices. Si la hubiéramos recogido, me hubiera dado cuenta de que la cartera estaba en el asiento. No hubiera pasado el susto de la vaca, como dices tú. ¡Hasta la comida me cayó mal! Ahora no te llevo ná'. Tú siempre quieres que yo recoja la mesa y sino la recojo, la recoges tú. Y me empecé a reír. ¡Me vas a llevar, sí! Contralalla. Ok zángana, ahí voy pá' allá. ¡No te pongas fresca conmigo ahora! O le dices a Raúl que te lleve.

Niki me dijo que desde nena-pequeña padecía del estómago.

Era muy mala tomadora de medicinas, de remedios caseros ni se diga. Especialmente los que le hacía tomar el papá, con la correa bien cerquita. Juró que cuando fuera grande jamás nadie la obligaría a tomar o comer lo que a ella no le gustaba. A los ochenta y tres años no tomaba medicamentos. Iba al doctor para ver cómo iba todo con su salud. Hasta que llegó el cáncer, debido al cigarrillo. Yo le decía, sino hubieras fumado llegarías a los cien. Vienes de buena cepa.

Siempre me han gustado los remedios caseros, las medicinas no. Me encontraron el colesterol alto y diabetes Carol me compró un libro de los beneficios del vinagre. Leí que el vinagre y la canela son buenos para controlar la diabetes y la presión. Dejé la azúcar, empecé a tomar mi café negro con canela. Rebaje más de cuarenta libras. Cuando fui a mi siguiente examen todo me había bajado. Hasta el día de hoy, el doctor siempre dice que estoy prediabética. Lo único que no he hecho es caminar mucho y dejar de comer chocolates. Empecé a decirle a todo el que me oyera, a Niki la traía loca. Estaba segura de que ella debía tener algo más que acidez del estómago. Yo le decía jugando que el vinagre quita todas las enfermedades menos las inventadas.

No la podía convencer... eso creía. Me llama como unas semanas después de tratar de convencerla que tomara el vinagre, hablándome malo, al estilo marino mercante y diciéndome del mal que iba a morir, por mala. ¡Qué tienes zángana! ¿Por qué estás tan enoja'? ¡Ya no hables malo que no vas a ir al cielo, contralla! ¿Qué pasa? Me dice, me tomé el contrayao —no dijo eso tampoco— vinagre ese y por poco me muero. ¿Por qué? ¡Yo no te he dicho cómo te lo tienes que tomar! ¿Cómo te lo tomaste? Tú dices que lo echas en un vaso, y te lo tomas; me dice. Sí, en un vaso con agua y limón, le digo. Espero que Raúl te compró el vinagre de manzana con la mama. ¿La mama de quién? ¡Me empecé a reír y le dije la mama tuya!, ¡la tuya, me dice! No, no, la del vinagre, zángana, le expliqué que el vinagre no está pasterizado y es puro, por eso le dicen con la mama. Ahí me tiro una palabrita con sabor puertorriqueño, para darle fuerza a la palabra. ¡Oh! Yo no sabía que era ese, me tomé el blanco, ¡eso sabía a centella! Ahí me tiro otra. ¡Por poco me ahogo y me muero! Bueno, si te mueres te enterramos, le dije jugando. No estaba muy contenta, pero nos tuvimos que reír. No vas a ir al cielo por malabla'. Las amigas se enteraron lo mala que era. Qué burra, pero qué burra, le decía yo. Como quiera no se lo quiso tomar, porque si se tomaba eso se iba a morir.

Me mudé-cambié para San Antonio en enero de 2012. Iba para Corpus Christi a grabar el programa. Grabábamos cinco o seis programas, algunas veces poníamos alguno repetido, que no se podía hacer muy seguido. No sé de dónde Niki sacaba tanto ánimo. Así seguí yendo hasta diciembre. Hicimos el último programa el 11 de diciembre de 2012.

Para el verano del 2012 vino la hermana de Niki, Laura a visitarla. Yo no pude ir esa semana. Me llama para preguntarme cuando iba a ir para Corpus, porque me tenían una sorpresa. Sí, voy, pero me tienes que decir qué es la sorpresa. ¡Es una sorpresa, chica! No, si no me dices no voy. Le dice a Laura; ella quiere saber la sorpresa. Laura se compró las nalgas de Jlo, y te quiere comprar unas para ti; me dice. ¿Qué rayo es eso? Le digo, pa' que rayo quiero yo las nalgas de Jlo. Resulta que Laura esta plancha' como yo. Aunque son hermanas, Niki se llevó las nalgas de las dos. Me explicó lo que eran las nalgas de Jlo. ¡Oh no! yo lo siento, yo no me pongo nada postizo, y menos en las nalgas, ¡que si tengo un accidente y me tienen que quitar la ropa…muchacha dejo eso! Se van a reír de mí, que de la risa que le den me dejan morir. ¡Ay! Qué zángana eres, me dice Niki. ¡¡No me importa, no me las compres, porque no me las voy a poner!! Niki siempre me decía, si hacen una película de nosotros, yo quiero que Jlo sea yo. No sé quién rayo va a ser tú. Estás más plancha que no sé quién. Todas las artistas tienen nalgas, me dice. Qué graciosa te parió la "comay", zángana! Tienen nalgas porque se las ponen, o quizá son las de Jlo.

Así quedó la cosa, no me las compró. A Laura le encantaron como le quedaron con su *blue jean.* Iba bien contenta cuando Niki la llevó al aeropuerto, de regreso a Florida. Se despiden, Niki esperó a que pasara la inspección. Pasa por los rayos X y la empiezan a checar. Cuando lo pasaban por las nalgas, le checaban el frente y volvían a las nalgas, la voltearon un montón de veces. Niki pensando, que pasará que la están checando tanto. Cuando ve que Laura le dice algo a la persona en el oído, se ríen y la dejan pasar. Niki la llama para saber que pasó, Laura le dice; esa @#$%& mujer no me quería dejar pasar porque los rayos X enseñaban algo y le tuve que decir: es que tengo las nalgas de Jlo.

Cuando llegó a Florida se reunieron los hermanos y su familia para celebrar su regreso y saber de Niki. Laura tenía sus nalgas y su *blue jean*-pantalón de mezclilla-maones, quería que ellos notaran, pasaba delante de ellos, que estaban sentados en la sala. Tratando de moverlas y modelando. Ellos no se daban cuenta. Un hermano se dio cuenta que pasaba de un lado a otro y le dice al estilo *nyurican*, *sis*, ¿te pasa algo? Ella le contesta con unas palabritas al estilo de Niki y le dice, ¡no, *bro*!, ¿no notan algo? Y le da la espalda. Ellos no notaron ná'! Ahí le tira otra, y le dice, ¡quiero que noten mis nalgas de Jlo! ¡¡Me las compre en Texas!! Los hermanos se empezaron a reír, ellos de todo hacen un chiste. Son tan alegres que te ríes con ellos a más no poder. Hubieran sido unos cómicos tremendos.

Cuando Niki me dijo el chiste, nos reímos en cantidad. Ves, ves, le digo; después querían comprarme a mí. Un día se le van a salir de sitio y las va a traer una arriba y otra colgando. Deja eso chica, yo me quedo sin ná'. El que no me quiera ver, que se tape los ojos. ¡¡Zángana!!

Seguí regresando a Corpus Christie todo el mes de diciembre. No sé de dónde sacaba tanto ánimo. Pensándolo bien yo creo que ella ya se estaba sintiendo cansada, pero no se dejaba vencer.

LA CREMA FRÍA Y LAS TRES VIEJAS

Invité a Sussy y a Niki a comer. Le dije a Niki que si no se sentía bien llevaría la comida para su casa. Me dijo que no, porque se sentía bien. Después que terminamos la llevé a ella primero a la casa. Nos dice que nos quiere enseñar algo que comprò Raúl. Nos enseña un tubito de una crema que dice él que se la puede uno poner y puedes tener una buena noche. Me abre los ojos como siempre. ¡Yo le digo, pero ese viejo bellaco todavía anda con eso! Ella me dice, bueno de vez en cuando, ya estoy vieja para eso, pero tengo que complacerlo. ¡Ay, qué buena esposa! Tú también tienes una pata en el hoyo y otra acá y todavía andas con eso, ¡Raúl ni se diga! Nos empezamos a reír. Sussy le dice, ay enséñame esa crema. Dime cómo puedes tener una buena noche, no te entiendo. Niki le dice; bueno te la pones y se supone que es frita y.... bueno tienes la buena noche y abría los ojos como siempre. A ver ponme un poquito. Niki le pone un poquito en la palma de la mano, ella le dice, yo no siento nada ahí. ¿Dónde?, le pregunta Niki. Ella le dice, tú sabes, abajo, también mirando para abajo. ¡Ay! Sussy te la tienes que poner ahí. Y le abre los ojos. Oh, yo creía que te la ponías en la mano y la sentías abajo! ¡Qué bruta, pero qué bruta! Nos hemos reído en cantidad. Niki no nos dijo si la usó. Pa' mí que empezó muy tarde con la cremita.

Cuando decidió no tomar más quimios, me dijo, tengo que empezar a limpiar la casa, porque si me muero Raúl va a botar todo a la basura. Te quiero dar algunas cosas, también a mi nieta y a mi nuera, que resultaron igual que ella, muy diestras. Hacían cosas preciosas. Quiero que me ayudes, vamos a empezar por el closet grande donde tengo las costuras, y no sé qué tantas porquerías más. Ok, dime cuando quieres empezar. No empezamos ná', nos íbamos para las tiendas, para mi casa o a comer.

Cuando por fin empezamos el primer closet, me dio ropa de ella, costuras, etc., sacamos lo que le iba a dar a las muchachas.

Encontramos muchos retratos y me dijo que quería separarlos para dárselos a su familia. Cambiamos de rumbo. Nos fuimos a la tienda a comprar cajas de retratos y empezamos a dividir los retratos, nos tardamos varias semanas. Entre la iglesia, el programa y hablábamos más de lo que trabajábamos. Si encontraba algunos retratos del año de las guácaras, me decía la historia, y ahí parábamos por un rato. Algunas veces nos íbamos a comer o ella empezaba a cocinar y ahí yo me iba para la casa de Cindy. Cuando terminamos con los retratos volvimos al closet. Ella se cansaba, yo le decía siéntate, yo te enseño y tú me dices qué vas a botar y qué vas a dar. Siempre me decía si tú quieres algo cógelo. No, Niki, yo no quiero nada si tú no me lo das. Tiramos un montón de cosas, otras las guardó y siempre encontrábamos más cosas. ¡Se cansó del closet y un día me dijo ¡ay!, que se chave todo, bueno me dijo otra cosa, que lo boten a la basura si no lo quieren. ¡Yo no sabía que tenía tantas porquerías ahí! Vamos a limpiar el closet de los otros cuartos. Me dio varias cosas, me dijo que después me daba más. Nunca regresamos a ese closet.

Fuimos a un closet que tenía en el pasillo que yo creo que nunca había tirado-botado nada. Todo estaba bien dobladito y se veía recogido, le pregunte que era todo eso, me dijo que cosas viejas que ella ponía ahí y que ya no sabía ni que eran. Cosas que ya no usaba. Vamos a botar todo de ahí, pero quiero saber qué es, me dijo. Eran unas sábanas más viejas que ella, cosas que la suegra, que se había muerto yo creo que 500 años atrás, le había dado. Cada vez que sacaba algo me decía la historia. ¿Qué vas a hacer con todo esto?, le dije. A la basura, a donde más. Sí, porque yo no lo quiero. Todo eso está más viejo que tú y Matusalén.

Nos faltó un closet, el otro closet era de Raúl.

Cuando nos llama esta señora pastora que veía el programa, que le gustaría conocernos y que si podíamos ir a filmar un programa a su iglesia para unas mujeres jóvenes del barrio que se reunían con ella para clases de la Biblia, muchas de ellas le decían que no sabían cocinar. A lo mejor nosotras les podíamos dar unas clases de cocina. Niki, ¿qué crees?, le dije. Claro que sí, vamos. ¿Te sientes bien? Sí, me dice y empezamos a hacer el menú.

Fuimos, conocimos a la pastora, a Niki no sé de dónde le salía tanto ánimo y energía. Tú hablabas con ella y no te dabas cuenta de que ya estaba casi en lo último. Su voz nunca le cambió, hablábamos de muchas cosas tristes, alegres y nunca la vi llorar. Bueno hicimos los planes para hacer el programa. Como eran muchas mujeres, decidimos cocinar todo primero y dejamos comida cruda para cocinarla y así que vieran como se hacía y como decía Niki, y por la magia del televisor aquí está todo ya hecho. Eso fue en julio de 2012.

El día de la comida, llegué a la casa de Niki y me dice

que no se siente bien que cree que no va a poder ir y con eso y todo me quiere ayudar a cocinar. Te sientas y me ves cocinar, le dije. Llamé a la pastora y le dije por qué no íbamos a poder hacer el programa, y le expliqué la situación, la pastora se quedó sin palabras, porque días antes cuando fuimos, Niki se veía muy bien. Como siempre ella hacía reír a uno con sus ocurrencias. Le dije a la pastora que le iba a llevar la comida y me tenía que regresar para atender a mi amiga, porque su esposo no estaba.

Cuando regresé a la casa, ella todavía está sentada donde la dejé. Le pregunto cómo se siente, se me queda viendo y me dice, señalando y virando los ojos como que no quería voltear para el lado derecho y me pregunta: ¿quién es ese hombre que está al lado mío? ¡Ay! Niki no me asustes aquí no hay nadie. Se veía como que estaba en otro mundo. Los ojos se le veían vidriosos.

¡Se me prendió el foco! y le digo, no me digas que te comiste lo que te trajeron, nunca me quiso decir quien fue. Era algo de mariguana que según esto le iba a quitar el dolor y se iba a curar, dolor que nunca me dijo que tenía, ni tomaba ninguna medicina para el cáncer. Yo ya le había dicho que era muy tarde, que no se tomara o comiera eso. No me hizo caso. Me dijo que quería ir a acostarse, le ayudé, parecía que estaba borracha y me dio miedo que se le soltaran las piernas, se acostó. Le dije que le iba a recoger la cocina que descansara. Limpiaba e iba al cuarto a verla, todo se veía bien. Se durmió. Terminé y fui y me senté al lado de la cama a esperar que despertara. Cuando despierta se le había pasado la jienda-borrachera.

Me abre tremendos ojos y me dice, ¡ay, Nydia!, me morí y fui al cielo. Hablé con Jesús. Estábamos en una mesa como de picnic-pasadía, con madera bien nueva. Y todo se miraba-veía bien bonito. Él me dijo que me quedara allí con Él. Yo le dije, no me puedo quedar porque tengo que regresar a limpiar el closet. Y me regresé. Ay, Niki, ¿por qué te comiste eso?, a lo mejor comiste mucho. No, solamente me comí como un pea-pitipua-chícharo de grande. Por favor no le digas a Raúl. Está bien, no le diré. Pero hiciste mal, chica. No te mueras porque si no, le tengo que decir. ¡¡¡Canto de loca!!!

El closet nunca lo terminamos de limpiar. Se levantó de

ahí también. Como quiera los hijos y Raúl se enteraron de lo que se comió. No por mí. Las amigas ni se diga, ella le contaba al que la oyera. Después que no quería que nadie supiera. Se le hacía gracioso. Alguien le dijo que si le había sobrado para él darse un viajecito también. Lo cogieron de broma.

Después de grabar el programa, nos íbamos a las tiendas, o nos quedábamos en la sala hablando. Tenía tanto ánimo, que no sé de dónde lo sacaba. Después nos reíamos en cantidad del viaje que se dio. Yo le eché por el inodoro-escusado el resto de la "medicina", como decía ella.

Yo creo que ella sí tenía algún contacto con Jesús. Me contó este sueño que tuvo. Dice ella, que en la noche estaba orando y cuando termina, le dice a Dios, ¡ay! Señor perdóname por pedirte tanto, tanta gente que tiene que estar pidiéndote por muchas cosas más importante que las mías, está bien si no me las concedes.

Esa noche tuvo este sueño, estaba en el cielo y de pronto se le aparece Jesús en una nube envuelto en una luz bien brillante, venía de lejos, cuando se le acerca así en la nube, estira el brazo y tenía la mano cerrada y cuando la abre, tenía en ella una bolita bien pequeña, redonda como el mundo. Ella vuelve y lo ve y Él a ella y se desaparece. Despertó. Me pregunta ¿que sería eso.? ¡Yo le digo eso está en la Biblia! Lo buscamos y dice: He aquí que en las palmas de las manos te tengo esculpida; delante de mí están siempre tus muros. Isa.49-16. *¡¡WOW!!* Te quiso decir que escuchó tu oración y de las de toda la gente que le invoca.

Me regresé a San Antonio. Volví a Corpus Cristi, a estar con ella y me quedé dos semanas, en la noche me iba con Cindy mi hija. Todavía tenía toda su mente clara. Aunque ya estaba de cama, como quiera se levantaba. ¡Enseñó a Raúl a hacer café, el hombre no sabía hacer nada y después de nada, nada! Yo algunas veces le decía a él cuándo ella me mandaba a llevarle el plato y la bebida al den, ¿no cree usted que ya está bastante grandecito para que vaya a la cocina por su plato y su refresco? No, para eso tengo a Niki. ¿Verdad *babe*, que tú me traes todo?, le gritaba. Yo le decía a Niki vale más que le enseñes a hacer algo a este hombre. ¡Oh, que se chave! Tampoco dijo eso. Cuando yo me vaya se irá al restaurante, de hambre no se va a morir, decía ella. A lo mejor se consigue una novia, le decía. ¿Una novia? ¡Ya con lo esplotao' que está, no va a conseguir ná'! A lo mejor no esta tan esplotao' ná', si te está comprando cremitas, le dije cuando estuvimos solas.

Estaba arreglándome para ir a su casa cuando llama para decirme lo que le hizo Raúl. ¡Le enseñé a hacer el café, él lo hizo con mis instrucciones!, le salió bien. Hoy en la mañana no tenía fuerzas para levantarme, cuando viene con una taza de café y me dice mira lo que hice. Le digo, ¿y el mío? No me siento bien... Y el sinvergüenza viejo, —no dijo eso—, me dice, ¿oh tú querías uno? Me dieron ganas de levantarme y echarle el café por la cabeza. ¡¡¡Viendo que me estoy muriendo y ni un café me puede hacer!!! ¡Cálmate! ¡Cálmate!, ahí voy a hacerte un café. ¡¡Este Raúl es tremendo!! ¡¡No!! ya me lo hice. ¡Me levanté! ¿Te desayunaste? ¡No! Ok, Te llevo desayuno y a él no le voy a llevar ná'. ¡¡Ya no hables malo!! ¡Que no vas a ir cielo! Ahí voy.

Le llevé a los dos y lo regañé, ¡cómo que no sabía si ella quería uno!, ¡si todos los días hace dos! Le dije. El no dijo nada y se fue para el den. Después que se le pasó el coraje, nos tuvimos que reír.

Estoy cocinándole para cuando llegue Raúl. Niki, estaba sentada en la mesa, y me dice me voy a ir a acostar un rato. No me siento bien. Le digo, déjame llevarte o traerte el andador. ¡No! me dice, yo no quiero esa porquería, me aguanto de la pared, ¡déjame ayudarte! Y me dice, ¡te digo que no! Ok, le digo. Cuando va por el pasillo no sé qué pasó que se cayó y se rompió una pierna, al golpe y al grito, corro para el pasillo. Y está tirada y llorando, fue la primera vez que la vi llorar, fue de dolor. Raúl fue a jugar golf y gracias a Dios llegó en ese preciso momento. Vinieron la ambulancia, la policía, los bomberos, los dos hijos que vivían en Corpus. Se la llevaron para el hospital, no pudieron enyesarla, estaba en hospicio, cuando estuvo estable la mandaron para la casa, no sé cómo o qué calmantes le dieron que no se quejaba de dolor.

La novia del hijo de ella, enfermera, la cuidó cuando me regresé a San Antonio, e hizo un trabajo maravilloso. Nos hablábamos por teléfono, aunque se le oía la voz más despacio. Y me dijo que la novia de David la trataba muy bien, que no me preocupara que ella entendía que yo tenía que estar con mi familia. Tiempo atrás me dijo que yo la tenía que cuidar cuando estuviera bien enferma. Yo le había dicho que sí. Que no se preocupara por eso. ¡Gracias a Dios que esa muchacha apareció y enfermera! Dios la habrá de premiar. Yo siempre he dicho que las enfermeras y enfermeros son ángeles mandados por Dios a la Tierra.

La semana antes de Navidad la pasé con ella. Todo el día hasta la noche. Le dije que después de la Navidad venía otra vez. Hablamos mucho, a ella le daba pena dejar su familia, porque iban a sufrir mucho sin ella. Yo le decía, tú sabes que estás muy enferma y sé y tú sabes que Dios te puede levantar ahora mismo de esta cama. Pero todo tiene su tiempo, dale gracias a Dios que te dejó criar a tus hijos, verlos con hijos, tus nietos, tu nieto te ha dado biznietos. Es una bendición grande que no toda la gente llega a ver tanta descendencia. Ni yo la veré, nietos sí, pero no biznietos. Eres bendecida, vete sin pena porque sabes que estás sufriendo mucho y ellos tampoco te quieren ver así. Ellos te aman en cantidad, porque haz sido una madre ejemplar y siempre te van a recordar. Tremenda amiga y hermana; personas como tú nunca se olvidan. Ya tú cumpliste tu trabajo aquí.

De pronto me dice; mira, mira ese angelito tan chiquito, le está dando la vuelta al arbolito de Navidad y se está riendo. Ella tenía un arbolito de Navidad en el cuarto y un ángel con luz, como de 4 pies que se lo presté y le dije si todavía estás aquí después de la Navidad te lo regalo, si te mueres me lo llevo, no te doy ná', ay, que graciosa eres, zángana. Se sonríe. Está bien, me dice. Como quiera, tenía ánimo de reírse.

Carol me regaló ese ángel, y cuando ella me compraba algo que sabía que a Niki le iba a gustar compraba dos, cuando ella lo vio, le dijo a Carol, ¿dónde está el mío? Era el último, buscó en otras tiendas y no encontró.

Y como en el tiempo de nosotros con la ciudad, nos pusimos

a ver las luces y nos transportamos a la ciudad. Le corrí la corriente, Ay, sí que bonito se ve, le dije, aunque yo no veía el ángel.

Cuando fui por mi ángel, Raúl me dijo que se lo regaló a la novia de su hijo, porque le había gustado mucho. Él no sabía que era mío, me dijo que se lo pediría, le dije que no, porque ella se había portado muy bien con Niki, y yo se lo agradecía mucho. Y como dice el dicho, nadie sabe pa' quien trabaja. Se lo di con gusto.

A Niki se la llevaron para el hospicio y en la madrugada del día 25 de diciembre de 2012 fue a morar con el Señor, me hubiera gustado haber estado allí, pero no se pudo. Cuando me avisaron ya había pasado a mejor vida. Yo tengo la certeza de volverla a ver.

Ni se le ocurra a nadie morirse en días de Navidad, no se encuentra nada abierto. Ella iba a ser cremada y todo estaba cerrado hasta después del año nuevo. Hubo un servicio que estuvo muy bonito, había una urna de plata preciosa, cuando pasé por el lado de la urna, en mi mente dije, adiós, amiga-hermana.

Después le pregunté a Raúl *¡wow!,* esa urna debe de haberle costado un montón! ¡¡Oh no!!, me dice, Niki no estaba en esa urna, todavía ni la cremaban, me la prestaron en la funeraria, eso estaba bien caro valía 900 dólares! ¡Como que oí a Niki diciéndome, muchacha, ¿tú crees que Raúl va a pagar tanto? ¡Es más maceta-duro que yo no sé quién! ¡Me casota en na! Siempre decía así cuando se enojaba con Raúl, él me preguntaba, Nydia, que quiere decir eso? Ella siempre dice así cuando se enoja. Cuando yo le iba a contestar, ella decía, "*I marry nothing!*"- me case con nadie. Que embustera le decía yo, eso no quiere decir nada, es un disparate de ella, y de los puertorriqueños, le decía.

Una de las cosas que hacíamos, cuando nos íbamos de compras, cuando la llevaba a la casa, y Raúl ya estaba en la casa, se bajaba a checar donde estaba Raúl; casi siempre estaba en el patio de atrás, y venía a la puerta y me hacía señas que entrara con las compras o que me fuera y le llevaba los paquetes al otro día. Cuando me muera Raúl se va a morir detrás de mí, con tanto que debo, me decía. No, te va a echar las cenizas por el inodoro pa'bajo, le decía.

Raúl salía en las mañanas, algunas veces a comprarnos tacos, a jugar golf, a pasear a Charlie o a la tienda. Él siempre hacia la compra de comida, porque decía que Niki quería comprar la tienda. Si a Niki se le olvidaba escribir algo en la nota, cuando llegaba Raúl le decía, me trajiste tal cosa, él decía no me lo pusiste en la nota. Ella le decía, ¡¡no importa, no hay!! Raúl me miraba y me decía te digo Nydia ella me maltrata. Quiere que sea adivino. No sé cómo la aguantas. Y se iba para la cocina riéndose, a guardar la compra. ¡Más risa!

Varias personas pasamos al frente a decir algo de ella, yo como siempre lo que dije se rio la gente.

En Pennys, esta pareja nos reconoció por el programa, empezamos a hablar con ellos y le preguntaron a Niki si ella era mi mamá. Yo iba a decir algo, cuando ella le dice, ¡No! yo no soy su mamá y le digo yo, sí, ella es mi mamá. ¿Verdad mami? No me niegues y hago un buchero y le digo, está bien mami vámonos. La agarro-cojo del brazo y ella me dio un empujón. Y nos empezamos a reír, incluyendo la pareja. Ella cree que es joven, pero es vieja suficiente para ser mi mamá, les dije. Nos fuimos riéndonos.

La nuera de ella escribió un tributo, en memoria de Niki. Diciendo que ella fue una excelente cocinera y empresaria. Ella y su querida amiga Nydia lanzaron N&N Latino kooking show, en el canal público de Corpus Christi. Abrieron dos restaurantes. Las dos eran como Lucy and Ethel. Las ocurrencias de ellas nos hacían reír.

Como dos meses después de Niki morir, fuimos a Corpus Christi, David y yo a visitar a Raúl, me dijo que ya había aprendido a poner sábanas a la cama y la colcha. Hablamos un rato y cuando nos íbamos a ir me dice él, ¿ves esa cajita blanca? Sí, le digo. Cógela en peso y me dices si pesa. Cargo la cajita y le pregunto, ¿qué es? ¡Y me dice, es Niki, por poco se me cae la caja al piso y se la di más rápido que ligero! Sentí que se me pararon los pelos hasta en la espalda y no tengo ninguno. Nos empezamos a reír y le dije ni muerta deja esta mujer de hacer reír a uno. ¿Qué tal si te restrello en el piso, zángana? Me fui y más nunca he regresado a su casa, se me hizo muy triste todo estaba igualmente como ella lo dejó. Me dio una pena tan grande que cuando salí empecé a llorar. Y me di cuenta de que jamás la vería aquí en la tierra. Aunque tengo la certeza que la veré en las fiestas del Cordero. Querida amiga no te digo adiós, sino hasta luego.

Ojalá resucite completa pues una mitad la tiraron en el mar y la otra la enterraron en el cementerio de los veteranos. Eso era lo que ella quería. Le decía que iba a resucitar espatillá', con una pata en el mar y otra en el cementerio. ¡Patas tendrás tú yo no! Le dije que si los hijos o Raúl me invitaban al mar no iba a ir porque no quería que me pasara lo que le pasó a mi hermana Gladys, en Puerto Rico. Estaban buscando a alguien para que orara antes de regar las cenizas en el mar, de esta persona que murió en New York. Le preguntaron a Gladys, que vivía cerca de la playa. Fueron en una lancha, ella oró. Cuando empezaron a tirar las cenizas, el aire cambio y les cayeron las cenizas a todos encima. Decía mi hermana que no sabía cuántas veces se bañó ese día. Y por muchos días. En la noche no podía dormir. ¡Deja eso! ¡Con lo chavona que eres, eres capaz de cambiar el viento!

Tú ni muerta te estás quieta!

A Niki le encantaban las mariposas y los ángeles, cuando a ella le gustaba algo no compraba uno, donde quiera que fuera compraba mariposas de todos tamaños, los ángeles los hacía. Y de sus cumpleaños y aniversarios que celebramos había mariposas en cantidad. En sus aniversarios, empezando por el 50 celebró tres por si acaso se moría o si se moría Raúl. ¡No se murieron na!

LA MARIPOSA

Como al mes y medio de su muerte, llegamos David, mi hija Diana, y yo a la casa y cuando nos bajamos del carro, nos quedamos hablando cerca del carro. Diana me dice, ay mami, me da tanta pena que Niki ya no está aquí, ¿cómo te sientes? Bien, le digo, hay que aceptar y creer que Dios sabe lo que hace. Ella estaba bien enferma, chica, tenía 83 años. Esa es una larga vida que Dios le concedió. Es triste porque nadie quiere pasar por eso, es la ley de la vida. David también dio su opinión, dijo que ella le hacía falta y que la quería mucho. Él decía que ella era su tercera mamá. Cuando empezamos a caminar para la casa, aparece esta mariposa bella, una monarca. Empezó a dar vueltas alrededor de nosotros. ¡Nos miramos sorprendidos y dice Diana, ¡mami! ¡Niki! No, no es Niki los muertos ya no tienen parte en este mundo. El Señor nos mandó esta mariposa para que sepamos que ella está bien. Ya ves, Niki siempre con sus cosas, estoy segura de que le dijo a Jesús, mándale una de mis mariposítas. Ella tenía acceso directo con el Señor, eso digo yo. Eso es para que sepamos que ella está bien, mejor que nosotros. Y como siempre nos reímos.

Al grupo de amigas que siempre estábamos juntas, la familia de ella nos dio algo que dejó Niki para nosotras, es un alfiler para el pecho de una mariposa en plata. Uno de sus hijos, o las compraron o las hicieron, son joyeros.

Pasó el tiempo. ¡Como digo yo no pasó, voló! ¡Y esta contralla de mujer no me deja quieta!

En mayo de 2020, estábamos David y yo un poco

melancólicos. Enrique tenía cuatro meses de muerto. David me empezó a hablar de Enrique y Niki. Me pregunta David si quería ver un programa de N&N LATINO KOOKING SHOW, y otro de dad que nos hizo Carol, cuando cumplimos 50 años de casados. Le digo que sí. Me había pedido algunos cd del programa para verlos en su cuarto. Me trae los cd. Empezamos a ver primero el programa de cocina, acostados en la cama. Era un programa de cuando sus hermanos de Florida y sus hermanas de Méjico vinieron a verla en el verano 2011. Casi ocho años después de la muerte de ella.

Lo pasamos como programa, porque hicimos tremenda comida. Teníamos carne, pescado, camarones, arroz con gandules, ensaladas, postres. Yo estaba haciendo el video. Todo muy alegre, teníamos música, baile entre ellos. La risa no podía faltar con los hermanos y hermanas de Niki.

¡Lo que vi no lo podía creer! ¡Esta contralla' mujer hasta después de muerta me hace reír y enojarme con ella! Con lo que vi en el programa, me dieron ganas de ir, desenterrarla y enterrarla de nuevo, boca abajo, por si acaso se quería salir, se iba a ir más pa' bajo! Estoy jugando. ¡¡¡Vieja decrépita!!! Lo que pasó fue esto:

Siempre le decía a Niki, tu arroz sabe diferente al mío y yo lo cocino como el tuyo. El tuyo tiene un saborcito diferente. Ella me decía, no, lo hacemos igual. Niki como era más 'mejicana" que yo, freía el arroz, en Puerto Rico no se fríe. A mí me gustó eso de freírlo y empecé a freírlo como ella. Cuando estaba un poco frito le empezaba a echar la salsa de tomate, jamón, etc. lo hacíamos iguales. Pero… algunas veces pensaba que a lo mejor yo no lo freía suficiente. Bueno, cada cual tiene su mano para hacer las cosas, le decía, ella me contestaba; umju. ¡¡Oh!! ¡¡¡pero en ese video, que lo tomé yo!!! ¡¡¡Nunca me di cuenta de lo que hizo!!! ¡¡¡Ahí fue donde supe lo del secreto!!! La enfocó para enseñar como hacia el arroz, le echó todos los ingredientes, ya se estaba secando el arroz. Cuando checa que nadie la esté viendo, abre la nevera, saca una cajita y le echa una cucharada de… ¡¡MANTEQUILLA!! ¡¡No se la echó se la tiró!! Da la vuelta y la pone rápido en la nevera-refrigerador. Y como decía ella, muy chalán, siguió meneando el arroz. ¡Ni cuenta me di ese día!

¡¡¡Cuando veo eso!!!

Pego un brinco en la cama, me puse en cuatro patas, abro los ojos bien grandes, le empecé a gritar a Niki, David brincó de la cama y me dice; ¿qué pasa mami? ¡El secreto! ¡¡El secreto!! ¡Ese era el secreto de Niki! ¡Esa sinvergüenza de Niki, nunca me dijo el secreto del arroz! Según ella no había ningún secreto entre nosotras. ¡Le empecé a gritar a Niki, ¿con que no tenías secretos? canto de vieja bruja. ¡Decrépita! ¡Te cogí! ¡Me lo debiste decir como confesión cuando te estabas muriendo!! David asustado viéndome, ¿cómo?, ¿qué pasa? Sí, David, ¡ella cree que se lo llevó a la tumba y se chavó! Me empecé a reír y ya David se calmó. Me acosté en la cama y empecé a mover los brazos y las piernas pa' arriba, gritando y riéndome. ¡¡Ya sé el secretooo!! ¡¡¡Vieja decrépita!!! (Esto es solamente entre ella y yo.) Ella me decía peor, especialmente de mi cuerpo raro. Cuando le expliqué a David lo que hizo Niki, se me queda viendo cómo ¿yyy? No te preocupes David esto es entre Niki y yo; le dije. El cd de Enrique ni lo vimos.

Como a los dos o tres días, me recordé, cuando vimos una

película en su casa. De esta mujer que la diagnosticaron con una enfermedad mortal. Vendió todo y se fue de vacaciones a gastar su dinero y a pasar sus últimos días en un hotel caro. ¡Al final resultó que no se iba a morir na'! Se hizo amiga de un chef famoso. Decidió ser chef, le preguntó cuál era su secreto en la cocina. Él le contestó, mantequilla. Recuerdo bien como si fuera ahora, que Niki se voltea y me dice; unjú mantequilla, ese es el secreto. Muy seria.

Recordé lo que me decía mi sobrino Raúl. ¡¡Ay!! Titi, tú piensas bien, pero piensas tarde.

Hice el arroz y me quedó mejor que el de ella. Usé mantequilla pura. Estoy segura de que ella usaba margarina, porque Raúl no le compraba nada caro. Como decía ella, ¡es más duro que no sé qué! Tampoco decía eso. Algo como de la guayaba. Eso se lo enseñé yo. Bueno, tengo que darle crédito, su arroz sabía mejor que el mío. No para Sussy, ella me compraba todos los ingredientes para que le hiciera un arroz con 'gandues'. Tu arroz era mejor, Nikita, pero a Sussy le gustaba el mío. Ja ja ja. Bueno, a Sussy también le gustaba el tuyo. Las veo en el cielo. Ahí te guacho cucaracho. A mí también me gustaba el tuyo más que el mío. ¡Deja que llegue pá'llá arriba y vera' lo que te va a pasal!

Nydia Carrasquillo-Urbina